Revue Gestion Juridique des RH

Année 2025

Volume 3

Numéro 11

DIRECTEUR DE PUBLICATION
Clotaire MOULOUNGUI

DIDACTIJURIS et Clotaire MOULOUNGUI
6, square du capitaine Guynemer
59960 Neuville-en-Ferrain
Didactijuris@yahoo.com

ISBN : 978-2-487740-37-2
ISSN 3096-8152

Articles de ce volume 3

La publicité comme sanction contre l'absentéiste

Anicet MBADINGA
Professeur à Libreville (Gabon)

Clotaire MOULOUNGUI
Maître de conférences hors classe à l'ULCO (académie de Lille)

Résumé : L'absentéisme perturbe généralement le fonctionnement de structures. Aussi s'efforce-t-on d'y pallier diversement. L'une des façons utilisée est le PV de réunion : il distingue les présents et les absents, de même que les personnes excusées. Son affichage ou sa diffusion par Internet peut suivre. Il existe ainsi un *''Name and Shame''* ; en vue de faire honte à la personne absentéiste, alors exposée à la critique populaire. Le problème est qu'une absence peut se révéler comme étant légitime, excusable. L'auteur de la publication d'une telle absence sera donc fautif, et devrait payer des dommages-intérêts à sa victime. Toutefois, ce coupable s'abritera derrière la liberté d'expression et la liberté de la presse. De plus, le bref délai de trois mois contre la publication permet rarement d'agir à temps pour obtenir réparation.

Mots clefs : Absentéisme, publication, *''name et shame''*, liberté de la presse, brève prescription, dommages-intérêt.

Abstract: Absenteeism generally disrupts the functioning of organizations. Therefore, various efforts are made to address it. One method used is the meeting minutes: they distinguish between those present and those absent, as well as those excused. Their posting or distribution online may follow. Thus, there is a "Name and Shame" system; the aim is to shame the absentee, who then exposes them to public criticism. The problem is that an absence may turn out to be legitimate and excusable. The person publishing such an absence will therefore be at fault and would have to pay damages to their victim. However, this culprit will hide behind freedom of expression and freedom of the press. Moreover, the short three-month deadline against publication rarely allows for timely action to obtain compensation.

Keywords: Absenteeism, publication, "name and shame," freedom of the press, short statute of limitations, damages.

§§§§§§§§§§§§§§§§§§

Introduction

1. – L'injustice possible de la publicité des absences.

L'amour-propre est un puissant moteur des actions humaines. Peu de gens supportent de perdre la face en passant pour imbéciles, incompétents ou irresponsables. Cette fibre personnelle est susceptible d'être actionnée pour conduire des absentéistes à davantage fréquenter les lieux qu'ils désertent sans raison défendable. Dans l'espoir d'une autocorrection des intéressés, il a parfois été suggéré de faire la publicité de leurs absences (I.). Le problème est que les pourfendeurs de l'absentéisme d'autrui se trompent quelquefois. L'on comprend dès lors que leurs innocentes victimes souhaitent réparation (II.).

I. – La médiatisation parfois légitime des absences.

2. – La publicité des absences et le Name and Shame.

C'est la structure à qui l'absentéiste aura fait faux bond qui semble la mieux à même d'assurer la publicité de cet évènement indésirable. Mais en pratique, des tiers s'en mêlent quelquefois. Ils procèdent en effet unilatéralement à une diffusion de l'identité des personnes absentéistes (A.). La démarche n'est pas neutre ; elle est même méchante. Il s'agit de faire honte aux personnes manquant à leur obligation d'être présentes. C'est le concept controversé du Name and Shame (B.).

A. – Le jugement moral sur les absences et les absentéistes.

3. – Un PV sur les présents, les excusés et les absents.

En matière de réunions de travail, de conseils d'administration ou d'assemblée générales, les absentéistes sont dénoncés de façon implicite par les procès-verbaux (PV), par les comptes rendus, ou par les rapports. Une telle désignation quasi officielle les blesse parfois. À l'inverse, les présents se sentent indirectement valorisés. Une situation intermédiaire est plutôt celle des personnes excusées.

Cela dit, comment ranger les membres dans l'une des trois catégories ? A priori, pas de difficulté pour les présents : la feuille de signature ou une photo du jour permet de les identifier (1). Le classement des absents ne pose pas

---

1) Le problème possible étant celui de la légitimité de la participation à la réunion. En effet, avaient-ils tous le droit d'être là ?

2) Puisque le mandant votera en définitive comme les présents, doit-on le

davantage de difficulté : ils n'auront pas signé, ou ne figureront pas sur la photo.

4. – La réflexion sur les personnes excusées à une réunion.

La catégorie des personnes excusées donne davantage à réfléchir. Car, sur quelles bases l'est-on, et qui constate ou accorde l'excuse ? On supposera que l'excusé est un absent involontaire. Si son empêchement (son motif d'absence) n'est pas survenu brusquement, il en aura informé ses collègues en amont. De sorte que ces derniers réaliseront à temps qu'il n'y aura pas à compter sur sa participation ; sauf peut-être par mandataire interposé (2).

Malgré l'éventuelle légitimité des excuses, si le quorum prévu n'est pas atteint, la réunion et les votes devront être reportés à plus tard. Cela étant, *« dès lors que le quorum est atteint une élection est régulière malgré le défaut de la mention « non excusés »* au regard des noms de conseillers absents (3).

D'ailleurs, l'empêchement doit-il être précisé à tous les participants, ou seulement au bureau directeur, voire au seul président de l'instance ? Chacune des trois possibilités semble admissible, mais également susceptible d'une contestation devant la juridiction compétente. Par ailleurs, y a-t-il des délais pour présenter la justification de son absence ? Sans doute le plus tôt possible, et en tous cas avant la réunion suivante où justement le PV sera validé.

---

2) Puisque le mandant votera en définitive comme les présents, doit-on le regarder comme présent, ou comme absent, ou comme excusé ?

3) TA Rennes 24 mai 1989, Gueguen, RJTCA 1990. 276, no 194 ; Francis-Paul BÉNOIT et Jean BÉNOIS, Encyclopédie des collectivités locales, Chapitre 1 (folio n°460) - Municipalité : composition, Août 2015.

5. – L'absence titre de noblesse ou brevet de résistance.

Il est arrivé que ne point figurer parmi les présents soit reconnu comme courageux et salutaire. Par exemple, et au contraire, la grande majorité des observateurs estiment qu'il aura été funeste (de la part du Parlement) d'accorder les pleins pouvoirs au maréchal Pétain. La très grande majorité des présents avaient voté *''pour''* et une petite minorité *''contre''* (4).

Ces derniers auront été regardés par le GÉNÉRAL DE GAULLE comme les premiers résistants sur le sol français. Il leur adjoignait volontiers ceux qui avaient refusé de prendre part au vote (5).

Mais aurait-il été opportun et utile que chaque Français de l'époque épousât une attitude similaire ? Selon un auteur, plusieurs corps de métier avaient opté pour la résistance plus ou moins concertée. Cependant, il ne sembla pas pertinent aux intéressés de démissionner en bloc ; dans l'espoir puéril que la France recouvrit alors l'indépendance et la liberté.

Pire, la démission collective revenait à inciter les *''collaborateurs''* à rechercher dans un tel groupe ceux qui s'adonnaient déjà à « *l'action secrète contre l'occupant* ». Il fallait pourtant qu'au

---

4) Quelques ''pour'' célèbres (de notre point de vue) : Pierre Laval, Taittinger, Joseph Caillaux, René Coty, Jean Deschanel. Quelques ''contre'' : Vincent Auriol, Léon Blum, Paul Cabanis, Daladier, Léo Lagrange, Marquis de Chambrun.

5) Parmi la centaine en question : Pierre Mendès-France, Alexandre Millerrand, Monnerville.

moins l'un d'entre eux le criât à la face du monde. Ce fut alors le juge PAUL DIDIER qui s'y colla (6).

Et puis, ceux qui avaient voté pour la modification constitutionnelle désormais honnie ne pouvaient anticiper (à l'instant T) toutes les conséquences qui risquaient de s'ensuivre. A l'issue de la guerre, beaucoup de ces hommes politiques n'ont plus exercé de mandats électifs, soit parce que la population n'en voulait plus, soit parce que les nouvelles autorités les auront fait jugé et privé de leurs droits civiques. La SNCF aura également procédé à une épuration de ses agents (7).

D'un autre côté, quoi penser des parlementaires excusés ? Dans le Journal Officiel du mercredi 10 juillet 1940 on lit : *« MM. Jacquinot, Parayre, Tony Révillon, Auguste Mounié, Hamelin, le général Stuhl, le général Hirschauer, Alexandre Duval, Jean Philip, Henry Bérenger, Melenne et Paul Reynaud s'excusent de ne pouvoir assister à la séance »*.

En tout état de cause, c'est la publication (par le Journal Officiel) des présents, des absents et des excusés, qui aura rendu notre actuel jugement de valeur. Pour la suite de leur vie, les intéressés ont alors porté l'évènement comme une malédiction ou comme une bénédiction.

Une publication des votes nominatifs n'aurait pas que du bon. Car les parlementaires étant identifiables, ils pourraient alors subir les conséquences négatives de leurs votes. Précisément,

---

6) Cf. Jean-Paul JEAN et Paul DIDIER, le juge qui a dit publiquement non à Pétain, Les cahiers de la justice 2022. 315.

7) Charlotte POULY, Les agents et dirigeants de la SNCF, épurés sous Vichy, épurés après Vichy. Regard croisé autour de la réintégration, Histoire & mesure (2014/2 Vol. XXIX).

les GILETS JAUNES avaient attaqués des permanences de parlementaires, voire leurs domiciles (8).

6. – L'absentéisme une faute de gestion d'administrateurs.

L'absence au bureau de vote n'est pas systématiquement de nature à exonérer un administrateur des responsabilités inhérentes aux préjudices causés par la décision litigieuse de son instance collégiale. Car, prendre part aux réunions fait partie des obligations des membres d'un tel conseil. L'on se figure que l'intéressé aurait pu faire pencher la décision dans un meilleur sens (9).

La cour d'appel de Versailles (21 octobre 1993) avait eu à condamner à des dommages et intérêts un administrateur ayant reconnu *« ne pas avoir exercé les fonctions de surveillance et de contrôle qui lui incombaient »*, à cause du président-directeur général.

Les conseillers Versaillais lui avaient rétorqué qu'il s'était volontairement mis dans l'impossibilité d'exercer sa mission de contrôle. Dès lors, il n'aura pu empêcher ou essayer de prévenir les dérives de gestion expliquant la liquidation judiciaire de l'organisme. Or sa responsabilité personnelle ne pouvait être absoute par *« l'éventuelle carence du président-directeur général »* (10).

---

8) Théo SCHERER, Loi renforçant la sécurité des élus locaux : je préviens, je protège et j'informe, D.A. 5 avril 2024.

9) Clotaire MOULOUNGUI, L'absentéisme des décideurs, hic pour quorums et majorités, Didactijuris, 2024.

10) CA Versailles 13e ch., 21 oct. 1993, n° 507, Stergard c/ Chavinier ès-qualités.

L'un des commentateurs de l'arrêt dit en conséquence que l'abstention est l'une des manifestations possibles de la faute de gestion. En tous cas, les administrateurs ne sauraient se contenter de voter des mesures lors de réunions à distance ou sur place.

Effectivement (un peu comme les parlementaires à l'égard du gouvernement), ils ont par ailleurs une mission de contrôle. Aussi le président et les directeurs de leur organisme doivent-ils se savoir surveiller. Sur la tête des administrateurs, il plane ainsi des sanctions tant pour leurs actions que pour leurs omissions.

Plus généralement, « *les dirigeants sociaux ne peuvent s'exonérer de leur responsabilité en alléguant qu'ils n'ont pas pris part aux agissements fautifs. Il leur faut critiquer ou démissionner* » (11).

On sait que la personne morale verra peut-être sa responsabilité pénale engagée, et sûrement sa responsabilité civile (12). Or, la responsabilité pénale de la personne morale n'exclue pas celle des personnes physiques. D'un autre côté, la personne morale a le droit d'exercer une action récursoire contre les mandataires sociaux.

---

11) PAUL LE CANNU, Bulletin Joly Sociétés, 1994 - n°1 - page 99.

12) Clotaire MOULOUNGUI, La nature de la responsabilité pénale des personnes morales en France, RD pén. crim. 1995, Chron. p. 143 ; L'élément moral dans la responsabilité pénale des personnes morales, RTD. Com. 94.441.

ISSN 3096-8152

7. – L'assiduité scolaire grâce à une publicité des absences.

L'écolier devrait certainement très tôt se familiariser avec l'assiduité dans l'effort et la fréquentation des lieux de l'activité professionnelle. Car il est un futur travailleur et un futur électeur ; c'est-à-dire un bon citoyen.

Un membre du Conseil d'État rappelle que « *Jules Ferry pensait que la commune était à la démocratie ce que l'école primaire était au savoir : le lieu des apprentissages essentiels, dont le citoyen devait sortir armé pour faire face à ses devoirs* » (13).

À cet égard, la loi du 28 mars 1882 de laquelle découle l'instruction obligatoire des enfants avait envisagé l'hypothèse de l'école buissonnière. Le cas échéant, le père ou la personne responsable de l'enfant absentéiste devait comparaitre devant une commission municipale réunie dans la salle des actes de la mairie.

À l'intérieur de cette enceinte solennelle, devait lui être rappelé le texte de la loi scolaire, ainsi que le devoir d'assiduité. En cas de réitération de l'absentéisme ou en cas de non-comparution, les noms, prénoms, qualités des personnes responsables devaient être *« cloués »* à la porte de la mairie, avec une notice explicative.

À l'époque, l'utilité de l'école était mal comprise, et ses objectifs paraissaient dérisoires (14). Du reste, cette école était très sélective, et les meilleurs devaient s'éloigner de plus en plus de leur terroir ; pour une ville toujours plus grande, pour le collège, pour le lycée, etc. Or les enfants étaient une aide

---

13) Thierry TUOT, Les droits du sectionnaire, AJDA 2003. 2203.

14) Parfois, les métiers offerts à la formation étaient déjà pratiqués par des villageois parfaitement analphabètes.

précieuse dont il était difficile de se passer à la ferme et aux champs (15).

8. – L'affichage de l'absentéisme de son rival à l'élection.

À la veille des élections municipales de mars 2014, un candidat avait vu (placarder par son rival) un tract mettant en cause son absentéisme au cours de son précédent mandat en qualité de conseiller municipal de la belle bourgade SERVON (16).

Or, indique le Code électoral, *« il est interdit à tout candidat de porter à la connaissance du public un élément nouveau de polémique électorale à un moment tel que ses adversaires n'aient pas la possibilité d'y répondre utilement avant la fin de la campagne électorale »* (17).

Pourtant, le tribunal administratif de Melun (30 mai 2014) a refusé d'annuler l'élection obtenue par le dénonciateur. Le Conseil d'État (3 décembre 2014) s'est prononcé dans le même sens. Pour ces juges, le tract ne pouvait pas entraîner l'annulation parce que *« l'essentiel de son contenu ne constituait pas un élément nouveau de polémique électorale »* (18).

---

15) Aujourd'hui, la question concerne des populations en grande difficulté sociale. Or, les stigmatiser *« n'est pas une solution adaptée et efficace »* (Fanny ROGUE, De la difficulté à trouver des moyens efficaces pour lutter contre l'absentéisme scolaire, Petites affiches, 04/06/2015, n° 111, p. 6).

16) 3500 habitants environ, 20 km de Paris.

17) Code électoral, article L48-2.

18) Conseil d'État, N° 381909, COMMUNE DE SERVON. Certes, l'absentéisme d'un candidat est un élément susceptible de rebuter l'électorat. Néanmoins, l'argument avait déjà été soulevé pendant la campagne

9. – La publicité même des absences excusables du député.

Au regard des listes publiées à l'issue d'une séance d'une chambre du Parlement, il est difficile (sinon impossible) d'indiquer d'emblée quels députés ou quels sénateurs auront manqué la séance prévue. Les textes en vigueur valorisent l'assiduité et passent l'absentéisme (ou l'inassiduité) sous silence.

C'est le cas de l'alinéa 2 de l'article 42 du Règlement de l'Assemblée Nationale. Il prévoit que *« les noms des commissaires présents, ainsi que les noms de ceux qui se sont excusés, […], sont publiés au Journal officiel le lendemain de chaque réunion de commission ainsi que par voie électronique »*. Le règlement intérieur du Sénat dispose pareillement que : *« Le lendemain de chaque séance de commission, les noms des membres présents, des membres excusés et de ceux ayant délégué leur vote sont insérés au Journal officiel »* (19).

Pourtant des politologues se demandent si la publicité des absences n'aurait pas d'effet dissuasif sur les parlementaires défaillants. Or cela serait aujourd'hui aisé grâce à l'Internet (20). De fait, le besoin de communication et de transparence conduit à publier un tableau mensuel des activités des sénateurs sur le site du Sénat. Ce tableau est actualisé quotidiennement, et au moins une fois par semaine.

électorale. La publicité par affichage des absences d'autrui, est admissible en matière électorale.

19) Règlement intérieur du Sénat, article 15, alinéa 2.

20) Pauline LAGARDE, La réforme du règlement intérieur du Sénat destinée à lutter contre l'absentéisme parlementaire, Revue du droit public, 01/09/2016, n° 5, p. 1477.

Ainsi, un panorama du temps affecté par le parlementaire à son mandat se trouve à la disposition de tous. « *Toutefois, cela ne permet pas d'avoir une idée précise de l'assiduité des élus, car leur investissement peut également se retrouver dans les travaux préparatoires ou aux auditions. En effet, une nuance doit être faite entre présence et travail effectif des sénateurs* » (21).

D'ailleurs, grâce à une démarche comparatiste, l'on sait que : « *Si les parlementaires français aiment par dessus tout la séance publique et les joutes qu'elle autorise, les parlementaires allemands préfèrent consacrer leur temps au travail de commission. Dès lors, si les statistiques montrent parfois une grande similitude du temps [en quantité] consacré au travail législatif cela cache un rapport au temps qui peut être assez différent* » (22).

10. – La dissuasion de l'absentéisme par sa publicité.

Est-il frivole de chercher à donner de l'audience aux absences injustifiées ? Pas facile de répondre de façon définitive à cette question. Toutefois, une analogie est possible avec les cas où le législateur demande aux magistrats d'ordonner la publicité de leurs jugements de condamnation (23).

Apparemment, les délinquants dont les turpitudes sont affichées s'en trouvent mortifiés. Au point de parfois solliciter la magnanimité des juges sur ce point spécifique. De la sorte,

---

21) Idem.

22) Gilles TOULEMONDE, Le temps parlementaire, Constitutions 2016 p.40.

23) Conseil constitutionnel, 29 septembre 2010, Publication du jugement de condamnation pour publicité trompeuse : conformité à la Constitution, D. 2011. 54.

ISSN 3096-8152

dans une affaire, un prévenu avait souhaité le sursis à propos de sa peine de publicité. Autrement dit, la diffusion surviendrait seulement en cas de récidive de sa part.

Mais la cour d'appel de Lyon (12 novembre 2003) l'avait débouté de cette demande. À l'occasion de l'examen du pourvoi, la Cour de cassation (3 juin 2004) avait répondu que la cour d'appel avait bien fait de refuser la faveur de jeter un voile pudique sur la délinquance fiscale de l'intéressé.

Dans un autre contentieux fiscal, le prévenu aura reproché à la cour d'appel de Versailles (18 mai 1990) d'avoir *« ordonné l'affichage de sa décision à la porte du domicile »*. C'est vrai qu'en l'espèce les conseillers se seront montrés bien plus sévères que la loi mise en œuvre (24).

B. – L'exonération facile de dénonciateurs d'absentéistes.

12. – L'abus de sa liberté d'expression contre un absentéiste.

La personne présentée (à tort ou à raison) comme absentéiste en éprouvera parfois une meurtrissure. D'autant plus que, avait dit Beaumarchais : *« Calomnions, calomnions, il en restera toujours quelque chose ! »*. Dans ces conditions, quelle voie de recours pour la victime ?

La Commission Guinchard sur la répartition des contentieux, avait préconisé de sortir de la matière pénale la diffamation et

---

24) Ce texte *« ne confère au juge pénal que le pouvoir d'ordonner l'affichage de sa décision sur les panneaux réservés à l'affichage des publications officielles de la commune où les contribuables ont leur domicile ou à la porte extérieure de l'immeuble du ou des établissements professionnels de ces contribuables »* (Cass. Crim., 7 juillet 1991, N° de pourvoi : 90-83905).

l'injure, au contraire de ce qu'avait décidé le législateur de 1881. Les auteurs auraient alors éventuellement été condamnés pour une faute civile réparable au moyen de dommages-intérêts. En revanche, continuerait de relever du juge pénal le discours nourri par la discrimination (religieuse, ethnique, raciale, etc.).

La liberté de la presse était une conquête récente qu'il convenait de préserver des censeurs et des procéduriers ; c'est pourquoi agir contre un média devait être (rendu) difficile. Par exemple : le délai (très court) de trois mois ; l'indispensable indication des dispositions applicables de la loi ; l'impossibilité pour le juge de requalifier les faits.

Toutefois, nul ne milite aujourd'hui contre la liberté d'expression (et donc contre la liberté d'imprimer sa pensée : presse). Presque tous les citoyens se sont approprié ce droit. Parallèlement, et par conséquent, les victimes d'injures ou de diffamation se sont multipliées. Ainsi, les écluses procédurales prévues par la loi de 1881 pénalisent dorénavant des milliers de personnes par jour.

13. – Le vœu d'une indemnisation des victimes des médias.

Désormais, se pose la question de l'accès au droit et celle de la possibilité d'un procès contre les auteurs des diffusions préjudiciables. D'où l'intérêt ressenti d'une simplification des règles. Par exemple, en optant pour le (seul) recours classique en indemnisation ; la responsabilité civile délictuelle. Mais l'idée ne séduit nullement les auteurs indifférents au sort des (pauvres) personnes diffamées ou injuriées (25).

D'après eux, la contrepartie des fortes protections offertes à l'auteur du discours (éventuellement préjudiciable à autrui) doit rester la responsabilité pénale (encourue envers la société et envers cette victime). Il faut dès lors une réponse pénale là où l'honneur, la mémoire, ou la fortune d'une personne pouvait se jouer.

Au fond, notre société, soucieuse du sort des victimes (et demanderesse de pénalisation) irait à contrecourant en se refusant de prendre en considération la souffrance morale endurée par la personne vilipendée. Le changement des règles devrait au minimum consister en la possibilité de donner aux faits leur juste qualification. Ou bien le juge serait autorisé à retenir d'office l'article qui dans cette loi (de 1881) réprime les faits exposés.

14. – Le droit à une publicité des condamnations obtenues.

Si elles en avaient la possibilité, sans doute les victimes se vengeraient-elles parfois à outrance. Elles ignoreraient donc la mesure ou la proportionnalité contenue dans l'adage restrictif « *œil pour œil, dent pour dent* ». Même lorsque la vengeance est finalement assurée par la puissance publique, une victime pourrait encore désirer que la condamnation du coupable se sache le plus possible.

Cette volonté d'attirer l'opprobre sur le coupable au-delà du cercle plus ou moins immédiat de l'affaire est certainement

25) Par Thierry MASSIS, Faut-il dépénaliser la loi du 29 juillet 1881 sur la liberté de la presse ?, Gaz. Pal. 4 sept. 2008, n° GP20080904001, p. 2.

compréhensible. Néanmoins, est-elle fondée en droit ? Pour la Cour de cassation (18 octobre 2017) *« les décisions de justice étant publiques »*, il existe conséquemment un *« droit pour la victime, sauf abus, de procéder, à ses propres frais, à toute autre mesure de publicité de la condamnation prononcée à son bénéfice »* (26).

Mais ce n'est pas un droit de sur-amplifier les répercussions du jugement grâce à l'Internet (27). Il a été jugé qu'en mettant le dispositif du jugement temporairement en ligne sur son site internet, *« la société Newmat avait commis une faute en violation du principe suivant lequel nul ne peut se faire justice à soi-même »*.

À première vue, le texte publié semblait neutre ; il ne contenait pas de commentaire particulier. N'empêche que la démarche aboutissait à augmenter *« l'impact de la publicité donnée au jugement au-delà des limites résultant des termes mêmes de son dispositif »*. Ce dont la cour d'appel a déduit que la société Newmat avait commis une faute constitutive de concurrence déloyale au préjudice de la société Normalu (28).

---

26) Cass. Com., 18 octobre 2017, société Normalu, n° de pourvoi : 15-27136.

27) La publicité des jugements est contrecarrée par l'existence de décisions en chambre du conseil, lesquelles sont des décisions à huis clos. La Cour de cassation a dû préciser que cela n'est pas forcément « *incompatibles avec l'obligation d'impartialité, ni davantage avec l'exigence de publicité prévues par l'article 6.1 de la Convention européenne de sauvegarde des droits de l'homme et des libertés fondamentales* » (Cass. Crim., 15 juin 1994, affaire Abdelhakim X, n° de pourvoi : 93-83847).

28) Cass. Com., 18 octobre 2017, société Normalu, n° de pourvoi : 15-27136.

ISSN 3096-8152

15. – La faute pour publicité d'une culpabilité probable.

Se faire indemniser pour préjudice consécutif à un abus de la liberté d'expression est impossible si, au lieu de se fonder sur la loi du 29 juillet 1881, la victime utilise malheureusement le Code civil en son article 1240 (autrefois art. 1382). L'erreur est également commise par les juges du fond eux-mêmes. Ainsi, dans une affaire tranchée par la cour d'appel de Douai (14 mars 2013), un couple avait confié sa fille mineure à un professeur de tennis censé la façonner en championne (de ce sport).

Mais hélas, il se sera par ailleurs décidé à initier et/ou à perfectionner la gamine dans le sport en chambre. L'ayant appris, les deux époux ont aussitôt craint la lenteur et l'insuffisance de la réponse pénale (29).

Dans cette affaire, la cour d'appel énonce que les deux parents auront eu le tort de *« s'ériger en enquêteur et en justicier, avec la conscience voire l'intention de nuire à la réputation et à la carrière de Monsieur Jean-François Y »*. D'après les conseillers douaisiens, en effet ils auraient dû se contenter *« de signaler les faits aux seules autorités compétentes et de s'en remettre aux instances disciplinaires et judiciaires afin que des sanctions soient éventuellement prises »* (30).

---

29) *« Ne faisons pas croire à nos concitoyennes et concitoyens que les personnes mises en cause seraient protégées et bénéficieraient d'un système procédural en leur faveur. Il suffit d'une garde à vue, d'un interrogatoire, d'un procès, pour se rendre compte qu'il n'existe pas de juge laxiste et que les droits de la défense ne sont pas permissifs »* (Juliette CHAPELLE, Chérissons les droits de la défense ! AJ pénal 2024. 233).

30) Douai le 14 mars 2013.

Or, les faits auront plutôt été largement diffusés ; au moyen du maximum de canaux. D'où l'octroi de dommages-intérêts au professeur. Sachant qu'il ne trouverait probablement plus jamais à s'employer nulle part (31). Des dommages-intérêts dont il n'aura toutefois pu jouir. Effectivement, son arrêt favorable aura été cassé : le délai de trois mois (pour utiliser le texte adéquat) était écoulé depuis l'origine (32).

La victime de propos médiatisés ne doit dont pas trop prendre le temps de la réflexion pour se tourner vers la justice réparatrice. Encore que la réparation alors rêvée cadre mal avec la liberté d'expression derrière laquelle entendra se retrancher l'auteur du préjudice médiatique.

II. – La faute des justiciers pourfendeurs des absences.

17. – Le choix entre liberté d'expression et droit à réparation.

La personne qui aura été présentée à tort comme absentéiste subit assurément un préjudice. Or nous sommes bien loin de l'époque où une juridiction avait cru pouvoir dire que la douleur ne se monnaie pas. Aujourd'hui, le droit à des dommages-intérêts est un droit constitutionnellement reconnu aux victimes. Des procès sont donc envisageables à l'encontre des pourfendeurs (plutôt légers) de l'absentéisme d'autrui (A.). Néanmoins, ils causent le préjudice déploré dans le cadre de

---

31) A croire le prévenu, leur « *comportement excessif et malveillant* » rivalisait avec l'approche excessive du ministère public lui-même. Celui-ci n'avait pas hésité à parler de corruption de mineur, d'atteintes sexuelles sur mineur par personne ayant autorité, et de pédopornographie (pour des SMS et films coquins. Or, l'une seulement de ces infractions (les atteintes) se sera avérée exacte ; selon les juges du fond (juges impartiaux).

32) Cass. Civ. 1, 29 octobre 2014, n° de pourvoi : 13-22038.

leur liberté d'expression, laquelle a également une valeur constitutionnelle. L'on peut donc se demander si l'indemnisation peut vraiment être obtenue par les faux absentéistes, les auteurs d'absences légitimes (B.).

A. – Les obstacles à la publicité de l'absentéisme d'autrui.

18. – La possible publicité des condamnations pénales.

Selon le Code pénal (art. 131-10) : « *Lorsque la loi le prévoit, un crime ou un délit peut être sanctionné d'une ou de plusieurs peines complémentaires qui, frappant les personnes physiques, emportent [...] affichage de la décision prononcée ou diffusion de celle-ci soit par la presse écrite, soit par tout moyen de communication au public par voie électronique* ».

De toute évidence, outre la permission d'un texte spécifique, le juge doit s'assurer que l'infraction pour laquelle il entend donner de l'écho n'est pas une simple contravention. L'absentéisme n'est ni un crime, ni un délit ; sauf pour les déserteurs et les évadés (33). D'une autre côté, malgré leur gravité plusieurs infractions ne donnent pas lieu à publicité de la condamnation. Il y a donc peu de justification à recommander la publicité des absences d'une personne.

---

33) « *Les rares évasions ont lieu pour la plupart à l'occasion de déplacements hors de l'établissement (extractions, hospitalisations d'office...). Rarissimes sont les évasions depuis la prison elle-même* » (Jean-Marie DELARUE, La loi et la pierre, Droit social 2011. 1145). Patrick BEAU, Le jardinage peut être un moyen d'évasion, D. 1997. 103.

19. – La rareté des condamnations susceptibles de publicité.

Beaucoup de particuliers s'octroient le pouvoir de publier les absences qu'ils constatent de la part des uns et des autres. Leurs ligues anti-absentéisme œuvrent certainement aux frontières de la légalité. Un raisonnement a fortiori permet de s'en convaincre. En effet, même le juge ne procède à la publicité des condamnations qu'il prononce que si un texte l'y autorise. Mieux, les parlementaires eux-mêmes doivent aussi prendre des précautions ; et notamment se garder de prévoir l'automaticité d'une telle publicité.

Surtout que la Déclaration des Droits de l'Homme et du Citoyen (DDHC), de 1789, dispose, en son article 8, que : « *La loi ne doit établir que des peines strictement et évidemment nécessaires, et nul ne peut être puni qu'en vertu d'une loi établie et promulguée antérieurement au délit, et légalement appliquée* ».

La peine est évidemment nécessaire lorsque les faits punis appellent la réprobation sociale. Elle est strictement nécessaire en étant proportionnée aux faits et à la personnalité du prévenu ou de l'accusé. Le Conseil d'État rappelle qu'il y a « *méconnaissance du principe de proportionnalité de sanctions ne prenant pas en compte la nature et la gravité des irrégularités commises* » (34).

À cet égard, un commerçant qui vantait abusivement la supériorité de ses produits et la modicité de ses prix a été convaincu de publicité mensongère. Or, il ne voulait pas que sa condamnation fît l'objet d'une publicité. Pour fonder sa demander de discrétion, il invoquait à la fois l'article 8 de la

---

34) Conseil d'État, 18 mars 2020, n° 420244, Lebon 2020.

DDHC et l'article 6.1 de la CEDH (35). Selon lui, la loi autorisant la publicité systématique de sa peine violait ces sources supérieures (36).

Mais, son pourvoi contre l'arrêt de la cour d'appel de Reims (16 mars 2000) a été rejeté. La raison est que : *« si les mesures de publication et d'affichage de la décision s'appliquent de plein droit, échappant à l'appréciation des juridictions répressives, leur prononcé est subordonné à la reconnaissance de la culpabilité de l'auteur d'une fraude fiscale par le juge pénal, après examen préalable de la cause par un tribunal indépendant et impartial »* (37).

Il est vrai que la Cour de cassation n'a pas le pouvoir d'annuler une loi ; surtout pas une loi déjà en vigueur. C'est l'apanage du Conseil constitutionnel. Celui-ci peut désormais exclure de l'ordre juridique mêmes des dispositions législatives déjà promulguées et appliquées. C'est la procédure de la QPC, instituée seulement par la réforme constitutionnelle sarkozyste de 2008.

En vérité, le justiciable sollicitait sans doute le bénéfice de la technique de l'exception d'illégalité. Grâce à ce mécanisme

---

35) La CEDH a deux significations. C'est d'abord la Convention Européenne des Droits de l'Homme (et des Libertés Fondamentales) à laquelle font partie une quarantaine de pays, dont la Russie, la Turquie, la France, etc. La CEDH est par ailleurs la juridiction strasbourgeoise chargée de recevoir les plaintes contre les États contrevenants.

[36]36) Cependant, la Cour de cassation n'est pas juge de la validité des lois, lesquelles doivent bénéficier d'une application loyale de sa part (François MOLINIÉ, La loyauté dans le procès, Justice et Cassation 2024. 483). Elle ne saurait donc évincer du droit positif une loi qui lui semblerait soit inconstitutionnelle, soit inconventionnelle. Un bémol toutefois : dans le cadre de l'exception d'illégalité, le juge pénal s'avère juge de la légalité des actes administratifs base de poursuites.

37) Cass. Crim., 7 mars 2001, N° de pourvoi : 00-82538.

juridique, la loi illégale (inconstitutionnelle) n'aurait pas été applicable à son cas. Toutefois, cette loi demeurerait dans l'ordonnancement juridique, et donc applicables à d'autres justiciables.

20. – L'effet relatif de la honte sur les absentéistes potentiels.

Y a-t-il de la honte à ne pas se rendre régulièrement à son travail ? La honte résulte du regard moqueur ou réprobateur des témoins. Par exemple, une personne qui tombe dans la rue se sentira soulagée de constater que nul ne l'aura vu choir (et donc déchoir). Il est rare qu'un évènement gênant connu du seul intéressé le déstabilise vraiment. Les cas contraires (de prise de conscience) se traduisent en des remords, c'est-à-dire en des reproches à soi-même (38).

Certaines situations autrefois gênantes pour leurs protagonistes se banalisent. C'est le cas des paris et des jeux d'argent (39). C'est aussi le cas du concubinage (union libre ou, autrefois, concubinat) (40). De même, la jurisprudence décide qu'il ne

---

38) Philippe JESTAZ, Réflexions sur « La règle morale dans les obligations civiles », D. 2024. 1857.

39) Mathias LATINA, L'article 1965 du Code civil ne s'applique qu'au prêt consenti pour jouer, L'essentiel Droit des contrats, 2015, n° 2, p. 3 : « *Le Code civil [art. 1965] porte encore la trace d'une période pendant laquelle le jeu, frappé de réprobation sociale, était exclu de la sphère juridique. Les joueurs ne pouvaient donc attendre aucun secours du droit* ».

40) Franck DAHAN, Le créancier d'un concubin, Gaz. Pal. 21 nov. 2000, n° GP20001121001, p. 7 : Bien qu'il s'agisse d'un terme banalisé, n'emportant plus la réprobation sociale, une seule disposition du Code civil à l'article 340-4, alinéa 2 donne une définition du concubinage comme de simples relations stables et durables.

faut plus s'exagérer l'infortune d'être cocu ; il ne s'agirait plus d'une situation exacerbée par l'émoi populaire.

21. – La publicité de condamnations en droit du travail.

La publicité des condamnations a d'abord concerné les prélèvements obligatoires (impôts et taxes, puis cotisations sociales) comme peine complémentaire. En droit du travail, les employeurs en sont l'objet dans diverses situations infractionnelles. C'est notamment le cas lorsqu'ils se refusent à respecter : l'égalité professionnelle (41) ; la sécurité (42) ; le travail temporaire (43) ; la femme enceinte (44) ; le travail des enfants (45).

Les valeurs morales et sociales d'un endroit sont des notions qui s'apprécient « *au regard de considérations objectives et non en fonction de la sensibilité personnelle et subjective de la personne visée* » (46).

La cour d'appel de Paris a pu considérer que « l'évolution des mœurs comme celle des conceptions morales ne permettaient plus de considérer que l'imputation d'une infidélité conjugale

---

41) Geoffroy de RAINCOURT et Grégoire DUCHANGE, Égalité professionnelle : le maquis s'agrandit ! D.A. 4 avril 2014 ; Code du travail, article L1146-1.

42) Code du travail, article LL4741-5

43) C. DECHRISTÉ, Travail temporaire : le jackpot de la requalification, D.A. 6 juillet 2007 ; Code du travail, article L1255-12.

44) Code du travail, article L4743-1.

45) Code du travail, article L7124-34 ; Sandra COURCENET, Les normes internationales et le travail des enfants, AJ fam. 2006. 150.

46) Cass. Civ. 1, 17 décembre 2015, n° de pourvoi : 14-29549, magazine Point de Vue. Rejet du pourvoi contre l'arrêt de Paris (24 septembre 2014). Un pourvoi introduit par la femme bafouée, dont la vie semblait être exposée dans le livre La frondeuse, paru en 2012.

[adultère] serait à elle seule de nature à porter atteinte à l'honneur ou à la considération » (47).

L'évolution des agissements suivis d'une réprobation populaire

B. - Une dette rare pour publicité des absences d'autrui.

22. - Le silence sur les jugements rendus à huis clos.

C'est en public que les jugements et arrêts sont rendus ; sauf dans quelques cas particuliers. Ensuite cependant, l'accès au relevé individuel des condamnations subies par une personne (casier judiciaire) devient secret aux institutions communes.

S'agissant de l'absentéisme, il est jugé par des instances disciplinaires aux décisions presque toujours prises à huis clos. En pratique, il arrive que celles-ci soient affichées. Le cas échéant, elles sont préalablement rendues anonymes : les protagonistes ne seront pas identifiables ou péniblement.

À ce propos, les dispositions statutaires relatives à la discipline des fonctionnaires mentionnent que : *« le pouvoir disciplinaire [...] peut décider, après avis du conseil de discipline, de rendre publics la décision portant sanction et ses motifs »* (48).

---

47) Cass. Civ. 1, 17 décembre 2015, n° de pourvoi : 14-29549, magazine Point de Vue. Rejet du pourvoi contre l'arrêt de Paris (24 septembre 2014). Un pourvoi introduit par la femme bafouée, dont la vie semblait être exposée dans le livre La frondeuse, paru en 2012.

48) Loi n° 84-16 du 11 janvier 1984 portant dispositions statutaires relatives à la fonction publique de l'État, article 67, alinéa 1.

ISSN 3096-8152

23. – La révélation légitime d'un absentéisme dans la presse.

Dans une affaire jugée par la cour d'appel de Bordeaux (28 mars 2013), un directeur d'entreprise aura été poursuivi pour avoir évoqué dans la presse l'absentéisme de la salariée licenciée. On y trouvait notamment l'affirmation *« selon laquelle les absences de la salariée désorganisaient le travail »*. Pourtant, sa lettre de licenciement sanctionnait plutôt *« le fait que Nathalie Y... était venue travailler pendant ses jours de congés »*. Était-ce l'assiduité excessive ou bien l'indisponibilité infinie qui avait été sanctionnée par cet l'employeur ?

Il n'en reste pas mois que d'après les juges, le délit de diffamation découlait de ce que le directeur avait tenu ses propos (diffamatoires) sans faire preuve de prudence et de mesure (dans l'expression). Bien sûr, il pouvait être excusé en rapportant la preuve contraire (c'est-à-dire celle de sa pondération). En tous cas, les juges n'auront pas vu en quoi la tenue de propos tendant à stigmatiser l'absentéisme d'une salariée (ainsi que les conséquences qui en seraient provenues sur l'organisation du travail) serait la poursuite d'un but légitime.

Mais l'arrêt bordelais, confirmatif « *sur la culpabilité et sur la peine d'amende prononcée* » n'aura pas résisté au contrôle (de légalité) de la Cour de cassation (2 novembre 2014). Une annulation (en l'espèce sans renvoi) fut prononcée au visa de la liberté d'expression prévue par l'article 10 de la Convention européenne des droits de l'homme (49).

---

49) Cass. Crim., 2 novembre 2014, n° de pourvoi : 13-84142. Le lecteur notera au moins deux choses ici. En premier lieu, l'enjeu du litige était 3000 euros d'amendes, plus les intérêts civils. En second lieu, cette condamnation aura été décidée par la cour d'appel de Bordeaux en tant

24. - La publicité d'absences déjà auto-médiatisées.

Dans une autre affaire, une salariée avait cru pouvoir faire condamner son employeur qui avait indiqué à des médias que son licenciement s'expliquait par un absentéisme récurrent. La cour d'appel de Douai (5 novembre 2013) lui a donné raison, concluant par ailleurs à du harcèlement moral. Car, dès le début de l'année 2010, la salariée s'était vue retirer l'ensemble des prérogatives de responsable de l'office de tourisme.

Pour les conseillers douaisiens, le président de l'Office ne pouvait raisonnablement soutenir que cette décision avait été prise à l'encontre de l'intéressé à raison de son absentéisme, puisque ce manquement était lié à une dépression, elle-même consécutive à ce retrait des fonctions de responsable de l'office.

Le problème est que, dit la Cour de cassation (20 janvier 2015), *« la liberté d'expression ne peut être soumise à des ingérences que dans le cas où celles-ci constituent des mesures nécessaires au regard du paragraphe 2 de l'article 10 de la Convention européenne des droits de l'homme et des libertés fondamentales »* (50). Le président (d'office) espérait échapper à la sanction pénale (sur ce point tout au moins) en excipant de sa bonne foi.

Or la cour d'appel lui en avait refusé le bénéfice. En l'espèce, elle se sera trompée, car le propos incriminé était en lien avec un contentieux de la relation de travail déjà porté sur la place publique. En effet, une manifestation syndicale de soutien

---

que juridiction de renvoi. En effet, l'affaire avait déjà fait l'objet d'un pourvoi en cassation (Crim. 16 octobre 2012, n° 11-85 366).

50) Cass. Crim., 20 janvier 2015, n° de pourvoi : 13-88317.

avait été organisée à l'occasion de l'inauguration d'une installation autoroutière de la société ASF. Ainsi, le licenciement en question était devenu une question d'actualité qui présentait un intérêt pour le public.

Dès lors, il n'y avait pas de franchissement des limites admissibles de la liberté d'expression, de la part du président de la société qui aura répliqué à sa propre mise en cause. Concrètement, il aura répondu aux sollicitations de la presse ; de plus, avec prudence et mesure. Il se sera en effet limité à livrer sa version de l'affaire, en s'en tenant aux seuls griefs exprimés dans la lettre de licenciement. La cassation est intervenue sans renvoi, puisque rien ne restait à juger : la réplique tempérée du président était légale, même si elle avait porté sur l'absentéisme de la salariée.

25. – L'absentéisme prétendu d'un pharmacien calédonien.

Dans une espèce jugée par la cour d'appel de Nouméa (22 août 1996), la diffamation consistait en *« l'imputation d'absentéisme du pharmacien dans son officine »* (51). Les lecteurs de Nouvelle-Calédonie avaient eu cinq occasions de l'apprendre en feuilletant le journal local, du 3, ou du 6, ou du 9 août 1993 ; sinon les livraisons du 11 et du 14 novembre 1993. Quatre mois après la cinquième de ces mentions litigieuses, la victime a vainement transmis son droit de réponse au directeur de la publication (52).

Las d'en attendre la publication, à savoir sept mois après la dernière agression journalistique, il se décida alors de saisir la

51) Cass. Civ. 2, 5 novembre 1998, n° de pourvoi : 96-22050.
52) Emmanuel DREYER, Nouvelle restriction judiciaire mise à l'exercice d'un droit de réponse en ligne, Légipresse 2025. 36.

justice (7 juillet 1994). L'apothicaire soutenait que l'accusation de désertion habituelle de son officine « *avait porté atteinte à son honorabilité en tant que pharmacien, membre d'une profession de santé, et avait entraîné une répercussion sur son chiffre d'affaires* ».

Toutefois, et à l'instar du tribunal intervenu avant elle, la cour d'appel aura dénié la réparation sollicitée. Son arrêt confirmatif a d'ailleurs été repris par la Cour de cassation (5 novembre 1998). Ainsi donc, les victimes de situations analogues devraient savoir que « *l'action civile en dommages-intérêts, résultant du délit de diffamation, est soumise à la courte prescription de 3 mois édictée par l'article 65 de la loi du 29 juillet 1881, même si elle est portée devant la juridiction civile et exercée indépendamment de l'action publique* ».

26. – La prescription dans les trois mois de la publication.

Dans l'affaire ci-dessus (du pharmacien calédonien), le problème est que c'est bien longtemps après la publicité de son absentéisme prétendu qu'il en aura eu connaissance lui-même. De sorte qu'il n'encourant certainement pas le reproche de négligence dans la défense de son propre droit. De plus, il pouvait apparemment compter sur la bienveillance classique de la jurisprudence en matière de prescription.

En effet, selon le Rapport annuel 2014 de la Cour de cassation, l'action en responsabilité délictuelle risquait originellement la prescription extinctive à partir de la survenue du préjudice, ou bien à compter de son aggravation (53). Néanmoins,

53) https://www.courdecassation.fr/publications_26/rapport_annuel_36/rap

l'ignorance prouvée de la victime aura conduit la jurisprudence à repousser le décompte du délai de prescription ; pour le faire partir du jour de la découverte (54).

Certes, l'impossibilité apparente d'une pareille démonstration (preuve négative : ignorance, méconnaissance) est traditionnellement reconnue comme l'exigence d'une preuve diabolique. Encore que les juges du fond puissent se montrer accommodant en la matière (55).

Malheureusement, la Cour de cassation a impitoyablement précisé que *« le point de départ du délai de prescription est fixé à la date de la publicité de l'écrit comportant les imputations diffamatoires, alors même que la personne diffamée se serait trouvée dans l'impossibilité de connaître à cette date les attaques dont elle a été l'objet »*. Une analyse différente semblait possible en partant du droit à indemnisation reconnue à toute victime. Or il s'agit d'un droit ayant dorénavant une valeur constitutionnelle. Il convient par conséquent de le concilier avec les droits subjectifs concurrents.

Dans une communication lumineuse (56), le Professeur RADÉ parle des caractères constitutionnels du droit de la responsabilité civile (caractère personnel et réparation intégrale), après en avoir identifié les Fondements (exigence constitutionnelle et égalité devant les charges publiques).

---

port_2014_7040/livre_3_etude_temps_7047/emprise_droit_7193/fonction_extinctive_7196/delais_prescription_31946.html.

54) Cass. Civ. 1, 11 mars 2010, pourvoi no 09-12.710, Bull. 2010, I, no 62 ; Cass. Civ. 2, 13 mars 2008, pourvoi no 07-12.962.

55) Cass. Civ. 1, 9 novembre 2004, pourvoi no 02-20.117 ; Cass. Com., 30 mars 2010, pourvoi no 08-17.841, Bull. 2010, IV, no 69.

56) RADÉ, Liberté, égalité, responsabilité, Cahiers du Conseil Constitutionnel, juin 2004, n° 16.

C'est toutefois en 2011 que, dans les mêmes colonnes, l'on découvre plus nettement encore « *La constitutionnalisation de la responsabilité civile* » sous la plume des Professeurs Pascale DEUMIER et Olivier GOUT. Ils caractérisent « *l'encadrement constitutionnel de la responsabilité civile* » par sa consolidation et par sa mise en œuvre instable. Selon eux, la responsabilité civile se trouve confrontée à la jurisprudence constitutionnelle ; d'abord à « *l'aune des canons actuels du droit de la responsabilité* » ; ensuite « *à l'aune de l'avenir de la responsabilité civile* » (57).

Précisément, le pharmacien avait suggéré la possibilité d'un repli vers le Code civil et ses principes de responsabilité civile. Étant entendu qu'à l'époque, les délais pour agir s'étalaient sur des années ; et ils demeurent plutôt longs, même après la réforme de la prescription de juin 2008.

En effet, « *Les actions personnelles ou mobilières se prescrivent par cinq ans à compter du jour où le titulaire d'un droit a connu ou aurait dû connaître les faits lui permettant de l'exercer* » (58).

Mais l'espoir de notre disciple de la déesse Hygie a été déçu. En effet, a proclamé la Cour de cassation (05 novembre 1998), *« la partie lésée ne peut, pour échapper à cette prescription [de trois mois], attribuer aux faits qui lui ont causé le dommage dont elle poursuit la réparation, le caractère de délit ou de quasi-*

---

57) Pascale DEUMIER et Olivier GOUT, La constitutionnalisation de la responsabilité civile, Cahiers du Conseil Constitutionnel, 2011.

58) Article 2224 du Code civil, issu de la LOI n°2008-561 du 17 juin 2008 - art. 1.

délit civil, donnant lieu à une demande en dommages-intérêts soumise aux règles de prescription du droit commun » (59).

27. – L'exonération de pétitionnaires contre l'institutrice.

Une jurisprudence similaire à la précédente aura épargné des parents d'élèves poursuivis par une institutrice. Il se trouve qu'elle aura été vainement candidate à un poste de directrice. À la croire, sa candidature avait souffert de la pétition *« lui imputant [entre autres] un absentéisme important et des retards répétées »*. D'où une saisine de la justice.

De façon générale, sa *« demande tendait à obtenir l'indemnisation des conséquences dommageables de propos rendus publics, portant atteinte à l'honneur et à la considération »*. Or au lieu de placer son action en justice sous l'égide de la loi sur la presse, notre professeur des écoles avait préféré le patronage plus familier du Code civil.

Certes, la cour d'appel de Colmar (18 mai 2000) n'y avait rien trouvé à redire. Mais c'était sans compter avec les parents d'élèves en question, à propos desquels le qualificatif de

---

59) Dans cette affaire, le directeur de la publication aura gagné sur toute la ligne. Y compris sur le refus d'insertion de la réponse du pharmacien tendant à voir rectifier l'erreur initiale ; rectification qui aurait tari le besoin de procès. Et pourtant la soumission spontanée au droit de réponse devrait être inscrite dans l'âme du journaliste censé épris des principes de contradiction et de vérité. Outre l'obligation légale : « *Le directeur de la publication sera tenu d'insérer dans les trois jours de leur réception, les réponses de toute personne nommée ou désignée dans le journal ou écrit périodique quotidien sous peine de 3 750 euros d'amende sans préjudice des autres peines et dommages-intérêts auxquels l'article pourrait donner lieu* » (Loi de 1881 sur la presse, art. 13, alinéa 1).

''procéduriers'' pouvait se rajouter à celui de *''justiciers''*. La Cour de cassation leur a donné raison dans un arrêt de principe (que d'aucuns trouveront être d'espèce, tant il ressemble à tant d'autres).

Voici son enseignement classique : *« les abus de la liberté d'expression prévus et sanctionnés par la loi du 29 juillet 1881 ne peuvent être réparés sur le fondement de l'article 1382 [art. 1240 désormais] du Code civil ; que l'action publique et l'action civile résultant des crimes, délits et contraventions prévus par la loi susvisée se prescrivent par trois mois révolus à compter du jour où ils ont été commis ou du jour du dernier acte d'instruction ou de poursuite s'il en a été fait »* (60).

Pas de doute, l'institutrice aura été mal conseillée ; car sa demande relevait plutôt de la loi du 29 juillet 1881. Effectivement, son action en justice visait à obtenir la réparation du préjudice consécutif à des propos. Des propos rendus publics malgré leur effet négatif sur l'honneur ou sur la considération d'autrui.

28. – La chance du critique d'universitaires absentéistes.

Encore relativement au monde des professeurs, il se trouve qu'un maître-assistant du Centre universitaire de la Réunion a accordé une interview au périodique local, dénommé Dimanche. Dans le numéro paru le 30 juillet 1981, on pouvait notamment y lire sa dénonciation de *« l'absentéisme abusif de certains de ses collègues de l'U.E.R Droit »*. Ces collègues l'ont alors poursuivi pour propos injurieux ou diffamatoires devant

60) Cass. Civ. 2, 5 juin 2003, N° de pourvoi : 00-19036.

la juridiction pénale. Cette dernière l'a condamné tant en première qu'en seconde instance.

L'arrêt confirmatif de la cour d'appel de Saint-Denis de Réunion (4 janvier 1984) a déclaré l'enseignant coupable des délits de complicité de diffamation. La sanction, purement financière, se sera élevée à 1000 francs d'amende et à un franc (symbolique) de dommages-intérêts. Se rajoutait cependant le coût financier et moral de la publication de l'arrêt.

Saisie à son tour (et malgré la réalité des faits) la Cour de cassation (5 juin 2003) a annulé cette condamnation. Ici l'homme de la rue s'offusquera d'un tatillon formalisme. C'est que les propos injurieux ou diffamatoires sont exclusivement punis sur la base de la vieille loi (maintes fois modifiées) du 29 juillet 1881.

Cette loi contient des dispositions utilisables lorsque la victime est un particulier (61), et d'autres lorsque la victime est un agent public (62). Or, dit la Cour de cassation, *« les fait reconnus comme diffamatoires ou injurieux par l'arrêt attaqué étaient [...] imputés à des professeurs d'université donc à des fonctionnaires publics, pris en cette qualité et en raison de leurs fonctions et non à de simples particuliers »* (63).

En résumé, les pourfendeurs injustes de l'absentéisme (de fonctionnaires ou de salariés) sont punissables. Pourvu que les poursuites à l'encontre soient basées sur la disposition pénale adéquate. À cette occasion, des intérêts civils (des dommages-intérêts) sont envisageables.

---

61) Articles 32 alinéa 1 et 33 alinéa 2.
62) Articles 31 et 33 alinéa 1.
63) Cass. Crim, 16 avril 1985, n° de pourvoi : 84-90169.

Le quorum, la majorité et l'unanimité lors des réunions

Nadège Fatou KOUMBA
Secrétaire générale du ministère des affaires sociales (Gabon)

Clotaire MOULOUNGUI
Maître de conférences hors classe à l'ULCO (académie de Lille)

Résumé : En général, les assemblées générales et les conseils d'administration ne délibèrent valablement que s'il y a un certain nombre de participants. On parle en l'occurrence de quorum. Même si cet effectif minimal existe, les décisions adoptées n'auront de valeur juridique que si le maximum de participants les aura approuvées. Le texte applicable (arrêté, règlement intérieur, etc.) aura prévu l'une des trois sortes de majorités. D'ailleurs, il se pourrait que l'unanimité soit indispensable. La question pouvant en plus se poser de savoir s'il s'agit de l'accord de tous les membres présents, ou plutôt de tous les membres de la structure. La décision collégiale apparaîtra légal du moment que la majorité voulue par le texte aura été atteinte. Néanmoins, elle présentera toujours une plus grande légitimité en provenant du maximum possible de membres.

Mots clefs : Décisions collégiales, assemblées, délibérations, quorum, majorité, unanimité.

Summary: In general, general meetings and board meetings can only validly deliberate if a certain number of participants are present. This is referred to as a quorum. Even if this minimum number exists, the decisions adopted will only have legal value if the maximum number of participants approves them. The applicable text (decree, internal regulations, etc.) will have provided for one of three types of majorities. Moreover, unanimity may be required. The question may also arise as to whether this requires the agreement of all members present, or rather of all members of the structure. The collective decision will appear legal as long as the majority required by the text has been reached. However, it will always have greater legitimacy if it comes from the maximum possible number of members.

Keywords: Collective decisions, meetings, deliberations, quorum, majority, unanimity.

§§§§§§§§§§§§§

Introduction

1. – L'insuffisance du quorum pour l'amour-propre et les intérêts essentiels de chacun.

Les décisions collégiales étant prises à la majorité, elles semblent alors éclairées, puisque soutenues par le plus de participants possibles. En d'autres termes, un absentéisme important dans la structure ruine ce présupposé. Surtout que pour concilier le sérieux de la décision et l'amour-propre de chacun, l'unanimité apparaît théoriquement comme l'idéal. Qu'en l'occurrence chacun soit vraiment d'accord se comprend ; en particulier dans les cas où seraient consécutivement engagés les patrimoines personnels des intéressés ; y compris ceux des membres absents.

Quand l'unanimité est ainsi exigée, il semble que le quorum s'élève au niveau 100 %. Sauf si l'unanimité ne se rapporte qu'aux présents, et donc pas à l'ensemble des membres. Cette unanimité doit d'ailleurs être reconsidérée dans l'hypothèse où le vote concernerait l'exclusion de l'un des membres ; car il ne décidera probablement pas contre lui-même.

La formule baroque d'une unanimité moins une voix se comprendrait finalement ici. Cela étant, une exigence de la participation de tous n'implique pas forcément ensuite des décisions à l'unanimité (64).

I. – L'adjonction habituelle d'une majorité au quorum exigé

2. – Les trois catégories de majorités en matière de scrutins.

Lors d'une délibération d'assemblée, les deux branches de l'alternative portent sur des personnes ou des projets (65). Mais l'absentéisme contrecarre la réunion planifiée à cet effet si le quorum n'est pas atteint. D'ailleurs, même si cette réunion se déroulait, la pluralité d'absentéistes empêcherait

---

64) Par exemple, le bureau du Haut conseil des commissaires aux comptes « *ne délibère valablement que si tous ses membres sont présents* » (Code de commerce, article R821-3, II). La loi ne précise pas la majorité consécutive à ce quorum plénier ; peut-être est-ce la majorité absolue. D'un autre côté, le Code général des collectivités territoriales prévoit la complétude du conseil municipal lors de l'élection du maire et de ses adjoints (ensemble les articles L2122-4, L2122-7 et L2122-8). Cependant, il ne s'agit ici que de la totalité des membres en exercice (Jean-Pierre COURTEJAIRE et Michel VERPEAUX, L'élection des présidents des assemblées locales et le quorum, *AJDA* 2004 p.954).

65) Plusieurs tours de scrutins sont alors envisageables, les exigences en nombre de voix baissant au fil des tours. On pensera ici à l'attribution d'un prix littéraire ou à une élection pour un poste.

probablement l'atteinte de la majorité requise ; et plus encore l'atteinte de l'éventuelle unanimité. Or pour emporter la décision, le projet ou le candidat en concoures doit réunir le maximum de voix en sa faveur (66).

Il s'agira généralement d'une majorité, voire de l'unanimité pour les décisions gravissimes (67). Néanmoins, cette majorité n'a aucune valeur juridique si, d'abord, le nombre de participants minimal prévu (le quorum) n'a pas été satisfait. Ainsi que le rappelle un professeur : *« Le quorum n'est certes qu'un préalable, alors que la majorité fait la décision ; mais la majorité est sans effet lorsque le quorum n'est pas atteint »* (68).

Du reste, en cas d'absentéisme des électeurs, le type de majorité exigé n'existera sûrement pas du tout. Bien entendu, des distinctions sont à opérer entre les sortes de majorités. Car

---

66) L'idée de départ est que, dans sa vie interne et collective, toute personne morale, figurée par son conseil d'administration ou par son assemblée générale, opte régulièrement entre une préconisation X et une seconde préconisation Z. Celle des deux qui l'emporte aura forcément bénéficié d'un nombre de votes supérieur à la moitié des votes utiles. Il est entendu que les votes blancs et nuls, de même que les abstentions, ne comptent pas. Les éventuels auteurs (administrateurs ou associés) de tels votes (blancs) se seront donc privés d'un choix efficient. Pour le décompte, l'on se demande uniquement s'il y a davantage de Pour (plus de Oui) ou, au contraire, davantage de Contre (plus de Non).

67) « *Malgré tout, le droit des sociétés continue d'exiger le consentement unanime des associés pour les décisions les plus graves, ceci dans le but de protéger les associés minoritaires contre l'oppression de la majorité. Contestée dans son domaine, la règle de l'unanimité ne va pas sans poser de difficultés dans sa mise en œuvre* » (Daniel BERT et Tayeb LAKHDARI, La mise en œuvre de la règle de l'unanimité en droit des sociétés, *D.* 2005. 1853).

68) Paul LE CANNU, Qui va à la chasse... Le quorum peut n'être pas lié aux droits de vote, Note sous Cour de cassation (com.) 5 mai 2009, Mizrahi c/ Sitbon et autres.

l'on dénombre : la majorité qualifiée, la majorité absolue et la majorité simple ou majorité relative. Dans le premier cas (majorité qualifiée), il y a un quantum déterminé ou déterminable à réunir en faveur du projet ou du candidat (3/5, 67 %, etc.).

Concernant la majorité absolue, elle suppose la moitié des votants de l'instance, plus un. Quant à la majorité relative (ou majorité simple), elle nécessite seulement d'obtenir davantage de suffrages que l'autre choix possible.

3. – La facilité du choix dans les votes binaires.

L'issue du vote portant sur une alternative est à la fois une majorité relative (plus de voix que l'autre choix) et une majorité absolue (plus de voix que la moitié des votes exprimés). C'est ainsi que les votes sur délibération (choix binaire) n'obligent jamais à un second tour (69). Dans ces conditions, les rédacteurs des choix à soumettre aux sociétaires ou aux associés devraient veiller à l'existence de cette binarité.

Afin d'y arriver, il est judicieux de toujours s'inspirer du célèbre Discours de la Méthode de Descartes. À savoir : décomposer la question générale, sans doute complexe, en de sous-questions

---

69) Oui, les choses se règlent en un seul tour, sans fioriture ni panachage. Cf. Francis-Paul Benoit et Jean Benoit, Conseil municipal : régime des délibérations, *Encyclopédie des collectivités locales*, Août 2011.

plus facilement compréhensibles de tous, même « *des femmes et des enfants* » (70).

Grâce à un semblable cheminement de l'esprit, les votants opteront forcément soit pour le refus, soit au profit de l'un des projets ou des candidats en lice (71). Le lecteur se rappellera que son texte (fondateur de la philosophie moderne), n'était originellement qu'une introduction à un traité de sciences et techniques (sur la dioptrie, les météores et la géométrie).

Heureusement que certains lecteurs s'intéressaient (s'intéressent) finalement aux préfaces, avant-propos et introductions. Sinon, ce Discours de la méthode aurait terminé aux oubliettes de l'histoire des idées. On remarquera par ailleurs, que *"l'honnête homme"* (de l'époque) était invité à maîtriser les sciences et les lettres, la physique et la métaphysique, etc.

Beaucoup de ces intellectuels auront par ailleurs siégé au Palais du Luxembourg, comme sénateurs, ou au Palais Bourbon, comme députés ; surtout à la naissance de la Troisième République (72).

---

70) L'auteur voulait « *être compris des femmes et des enfants* », lesquels avaient moins d'instruction au 17ème siècle. Cf. *Dictionnaire des sciences philosophiques*, 1845, page 462.

71) Francis-Paul BENOIT et Jean BENOIT, Conseil municipal : régime des délibérations, *Encyclopédie des collectivités locales*, Août 2011.

72) Gambetta avait aussi fait appel aux richards, lesquels étaient du reste aussi les détenteurs du capital intellectuel. Voici sa supplique, obtenue de seconde main : « *Vous pouvez prendre dans cette République un rôle immense, un rôle privilégié, parce que vous avez les loisirs de la fortune, l'éducation et l'influence sociale. Venez avec nous, nous vous assurerons un rang, un honneur, une force qui vous permettront d'exercer vos aptitudes au bénéfice de tous* » (Mattei DOGAN, Les filières de la carrière politique en France, Revue française de sociologie, 1967, pp. 468-492).

4. – L'application des trois catégories de majorités à l'Assemblée Nationale.

L'Assemblée nationale n'a pas à proprement parler de quorum. Seule la majorité compte, puisque le quorum n'est obligatoire que si son respect a été demandé par les (députés) présents. C'est en quelque sorte un quorum sur demande. Certaines des majorités exigées postulent un nombre minimum de votants, selon la matière en discussion.

Et les résultats varieront en fonction du nombre de députés absentéistes. Ainsi en est-il par exemple à propos : du vote de confiance ; du vote de défiance ; ou du vote d'une loi organique. Tout d'abord, le Gouvernement peut être conduit à s'assurer de la confiance que lui porte l'Assemblée nationale. Cette démarche revient pour lui à présenter sa politique générale à l'Assemblée, pour être adoubé (vote de confiance).

Si les députés qui affirment le soutenir ne dépasse que péniblement la majorité requise, le Gouvernement semblera avoir un défaut de légitimité. S'ils sont au contrairement vraiment trop peu nombreux, il devrait alors aussitôt démissionner. Quelques mois ou années après, les opposants au Gouvernement peuvent prendre l'initiative de le renverser ; grâce au vote d'une motion de censure.

Celle-ci nécessite la majorité absolue des députés, pour obtenir le renversement projeté (73). Une majorité similaire de députés est prévue (par la Constitution) pour que l'Assemblée

---

73) Le Gouvernement dirigé par Madame Élisabeth BORNE aura survécu à un nombre impressionnant de motions de censures. Chaque année, pour la partie recettes et pour la partie dépenses, du Budget Général de l'État, de même que pour le budget de la Sécurité sociale. Ces budgets sont institués par des lois de finances. Dans la série, la motion de censure la plus connue est celle qui aura suivi la décision d'un vote bloqué (sans discussion) de la loi sur les retraites.

bénéficie du dernier mot (sur le Sénat) lors du vote d'une loi (74) ; tout au moins à l'occasion du vote d'une loi organique (75).

Plus encore, la majorité des trois cinquième (60 %) est exigée pour la ratification d'un traité qui ouvrirait l'Union européenne à un nouvel État adhérent (76). La majorité qualifiée est sans doute particulièrement difficile à remplir en cas d'absentéisme des députés.

5. – Les conflits de légitimité dans l'État.

Dans le fonctionnement des institutions publiques, les décisions paraissent avoir une grande importance lorsqu'elles ont été débattues puis adoptés par le maximum de personnes. Il semble idéal que celles-ci aient été élues. Par exemple, la Constitution reconduit l'exigence d'une majorité qualifiée au cas où le Congrès (sénateurs et députés) se réunit (au Château de Versailles), en vue d'adopter une loi modificative de la Constitution (article 89). Il est entendu que si la modification est soumise (par le Président de la République) non pas à ces représentants-là du Peuple, mais à celui-ci lui-même, la

---

74) Ce concept de dernier mot signifie que le vote de la loi par la seule Assemblée Nationale (sans le Sénat). Il y aura eu lieu au préalable deux lectures vaines par ces deux assemblées. Puis il aura eu une demande expresse du Premier ministre pour ce *''vote final''*.

75) La loi organique porte toujours sur l'une des institutions dont l'existence est prévue par la Constitution : le Président de la République ; le Sénat ; l'Assemblée Nationale ; le Conseil constitutionnel ; le Conseil Supérieur de la Magistrature ; le Défenseur des droits ; etc.

76) Heureusement, pour le vote d'une loi organique, ou d'une de ratification d'une adhésion nouvelle à l'Union européenne, les sièges (les députés) vacants sont ignorés ; ne comptent que les sièges effectivement pourvus.

(simple) majorité relative suffira toujours. Après tout, le peuple n'est-il pas le siège de la souveraineté…

Cela étant, le Premier ministre (et donc son Gouvernement) tient sa légitimité du Président de la République, cet élu provenant du vote du corps électoral français tout entier. Il est librement choisi par lui. Mais il reçoit un complément de légitimité en étant adoubé à l'Assemblée Nationale par d'autres élus du suffrage universel direct (pas les sénateurs). En revanche, en cas de cohabitation, le Président de la République se replie sur les seuls matières qui relèvent de la Défense et de la Diplomatie (les Affaires étrangères).

À ce « pré carré » s'ajoute le pouvoir de président le Conseil des ministres, et donc d'entraver au besoin le Gouvernement de cohabitation. Notamment en refusant de signer des ordonnances ou des décrets (qui y son délibérés) ; voire de retarder sa décision de promulguer certaines lois nouvelles, compte tenu de la demande (par lui) d'un nouveau débat parlementaire.

II. – *L'exigence simultanée d'un quorum et de l'unanimité*

6. – La fixation préalable de l'unanimité par la loi ou par les statuts.

Dans le fonctionnement d'un groupe, la décision adoptée à l'unanimité présente les meilleures garanties de légitimité et peut-être de juridicité aussi. Néanmoins, l'unanimité n'est pas une panacée ; au point que le législateur l'exclut parfois pour les SARL postérieures à la loi de 2005 (77).

De fait, sa quête est parfois un leurre, surtout sans fondement légal ou statutaire préexistant. La Cour de cassation (01 février 2017) a ainsi jugé que : « *Dans le silence des statuts d'une association, seules les modifications statutaires ayant pour effet d'augmenter les engagements des associés doivent être adoptées à l'unanimité* » (78). La cour d'appel (Montpellier, 10 novembre 2015) avait pensé qu'une modification des statuts, dont la conséquence était de faciliter l'exclusion d'adhérents devait nécessiter l'unanimité ; par égard au principe d'intangibilité des conventions, sachant qu'il y avait défaut de disposition statutaire ou légale.

Mais une fois de plus, l'acceptation par tous à la fois d'un projet apparaît inenvisageable si déjà chacun n'est pas présent ou représenté. La sanction fulminée par la loi pour la violation d'un tel quorum implicite, va au-delà de la nullité de protection ; elle approche la nullité d'ordre public (79).

---

77) Ainsi, pour les sociétés à responsabilité limitée, il est prévu que : « *les modifications sont décidées à la majorité des deux tiers des parts détenues [67 %] par les associés présents ou représentés, à l'exception du déplacement du siège social, décidé par un ou plusieurs associés représentant plus de la moitié des parts [50 %]. Les statuts peuvent prévoir des quorums ou une majorité plus élevés, sans pouvoir, pour cette dernière, exiger l'unanimité des associés* » (Code de commerce, article L223-30, alinéa 3). Néanmoins, précise l'alinéa suivant : « *Les sociétés constituées antérieurement à la publication de la loi n° 2005-882 du 2 août 2005 précitée peuvent, sur décision prise à l'unanimité des associés, être régies par les dispositions du troisième alinéa* ».

78) CASS. CIV. 1, 01 février 2017, 16-11.979, Association des chasseurs et propriétaires de Pierrefiche du Larzac.

79) Toute personne intéressée peut obtenir ou, tout au moins, solliciter l'annulation des délibérations acquises sans l'unanimité (100 %) prévue, ou

7. – L'interprétation du rejet ou du maintien de l'unanimité par les membres.

L'unanimité signifie davantage qu'un commun accord des présents. En effet, il faut également tenir compte des associés absents. La cour d'appel de Versailles a pu préciser que l'unanimité prévue par l'article L227-3 du code de commerce porte forcément sur la totalité des associés « *liés par le pacte social et pas seulement de ceux des actionnaires présents ou représentés à l'assemblée* » (80).

Chaque fois que la volonté contraire des associés ne transparait nullement des statuts, les dispositions interprétatives de l'article 1852 du Code civil doivent s'appliquer. À savoir : l'unanimité dans toute assemblée générale extraordinaire (81). Mais le besoin d'interprétation pourrait résulter de l'attitude d'un associé lors de l'assemblée (82).

Par exemple, peu avant le scrutin, il aura quitté la salle de réunion. Du moment que tous ceux qui y seront demeurés votent pareillement, pourra-t-on raisonnablement conclure à

---

sans la majorité des trois quarts (75 %) des parts sociales relativement à certaines décisions ; telles le changement de siège social ou de nationalité. Cf. Code de commerce, article L223-30, alinéa final.

80) Cour d'appel de Versailles, 24 février 2005, (sans référence, mais sur le site de la Cour de cassation).

81) Code civil, article 1852 : « *Les décisions qui excèdent les pouvoirs reconnus aux gérants sont prises selon les dispositions statutaires ou, en l'absence de telles dispositions, à l'unanimité des associés* ». COUR D'APPEL Paris, pôle 5, 9e ch., 29 oct. 2009, Packo c/ SCI Moulin de la rivière. Henri HOVASSE, précité.

82) François-Xavier LUCAS, Calcul du quorum à l'occasion d'une consultation des associés par correspondance, *Droit des sociétés n°* 4, avril 2007, comm. 68.

une décision prise à l'unanimité ? D'après la jurisprudence, la réponse est négative, *« dès lors qu'en l'absence dudit associé, les délibérations n'ont pu intervenir à l'unanimité des associés ou de leurs représentants ayant émargé les feuilles de présence »* (83). La présence fugace de l'intéressé aura déjà au moins permis d'atteindre le quorum indispensable au commencement de la délibération.

8. – L'unanimité parfois ramenée à une majorité renforcée.

Alors que des précisions (des épithètes) sont accolées au terme majorité, ce n'est guère le cas pour l'unanimité. Sans doute celle-ci doit-elle toujours être pure et simple. Mais des juges ont conclu à l'existence d'une unanimité dans le cas baroque ci-dessous, relatif à l'exclusion d'un associé. En l'espèce, parce qu'il avait voté non à sa propre exclusion, l'intéressé soutenait qu'il n'y aura pas eu d'unanimité contre lui.

Plus concrètement, dans cette histoire, un médecin était l'un des associés d'une société civile de moyens dénommée CENTRE D'EXPLORATION DE LA VISION. Or, à l'occasion de l'assemblée générale du 13 mai 2016, il fut congédié, conformément à l'article 13 des statuts. L'article statutaire en question prévoyait que : *« lorsque la société comprend au moins trois associés, l'assemblée générale statuant à l'unanimité moins les voix de l'associé mis en cause, peut, sur proposition de tout associé, exclure tout membre de la société pour les causes suivantes [...] »*.

83) Cour d'appel de Paris, 2e ch., sect. B., 9 avril 1993, Archaimbault c/ Archaimbault ; *Bull. Joly Sociétés* 1993, p. 755, § 219, note P. Le Cannu.

C'est sans succès que le médecin exclu aura tenté de faire valoir qu'une telle disposition était contraire à l'article 1844 du Code civil, puisqu'aboutissant à le priver du droit de vote (84). Toutefois, la cour d'appel de Paris (19 septembre 2017) lui donna tort. Car ce médecin avait assisté à l'assemblée générale litigieuse, et (il) avait *« émis un vote dont il a été tenu compte »*.

La Cour de cassation (24 octobre 2018) approuva la solution, au motif que la cour d'appel avait *« déduit exactement que la décision de son exclusion s'est trouvée acquise en raison de l'unanimité des voix des autres associés qui y étaient favorables »* (85). En l'espèce, l'unanimité avait besoin d'une précision (d'ailleurs statutaire), à savoir l'unanimité des autres associés.

---

84) Selon lui, la stipulation litigieuse devait être regardée comme étant non écrite. Ainsi, pas besoin d'invoquer la nullité, et donc de s'astreindre à la démarche correspondante. Certes, dans cette matière civiliste, il était plutôt facile d'oublier la clause en y jetant un voile.

85) *CASS. COM.*, 24 octobre 2018, pourvoi n° 17-26402.

La Cour de cassation aligne le droit français sur le droit européen

Mathilde Richevaux

Doctorante à l'Université de Rouen

Chargée de travaux dirigés

Introduction

La chambre sociale de la Cour de cassation (86) consacre le droit, pour un salarié tombant malade pendant ses congés payés, de reporter les jours non pris. Ce revirement, conforme à la jurisprudence de la CJUE, parachève l'alignement du droit français sur le droit de l'Union (87). Si cette avancée renforce la protection des salariés (88), elle n'est pas sans conséquences économiques, notamment pour les PME, qui selon la Confédération des Petites et Moyennes Entreprises (CPME) devront absorber un coût potentiellement significatif (89).

---

86) Cass. soc., 10 septembre 2025, n° 23-22.732

87) Diane Buisson., Revirement de jurisprudence concernant l'articulation du congé parental et des congés payés obs. sous Cass. soc., 13 sept. 2023, no 22-17340 22-17341 22-17342 ; Cass. soc., 13 sept. 2023, no 22-17340 22-17341 22-17342 ; Cass. soc., 13 sept. 2023, no 22-17638 ; Cass. soc., 13 sept. 2023, no 22-10529 22-11106 ; AU 21/09/2023

88) Michel Miné, En cas d'arrêt maladie pendant les congés payés, ces journées doivent être reportées en congés payés AJU 17/07/2025

89) CPME., conférence de presse 11 sept 2025

I – La consécration d'un droit au report conforme au droit de l'Union

A – Le rappel des principes européens

La CJUE affirme que le salarié malade pendant ses congés doit pouvoir les reporter (90), le droit au repos (91) et le droit à la santé poursuivant des finalités distinctes (92). Le droit français, jusqu'à récemment, ne reconnaissait ce report que pour les congés acquis pendant un arrêt maladie, non pour ceux interrompus par une maladie survenant pendant leur prise.

B – L'alignement opéré par la Cour de cassation

La Cour juge désormais que la maladie survenue pendant les congés empêche le salarié de bénéficier effectivement de son repos. Les jours concernés doivent donc être reportés, sous réserve que l'arrêt maladie soit notifié à l'employeur pendant la période de congés.

---

90) Arrêt Schultz-Hoff (CJUE, 20 janv. 2009, aff. C-350/06)

91) Tricoit, J.-P., Fiche 29. Le repos. Droit du travail (p. 286-292). Ellipses. https://droit.cairn.info/droit-du-travail--9782340036543-page-286?lang=fr. (2020).

92) Eric David., Le droit à la santé comme droit de la personne Revue québécoise de droit international Année 1985 2 pp. 63-115

ISSN 3096-8152

II – Les implications pratiques et économiques de la décision

A – Un renforcement des droits des salariés

Les salariés bénéficient désormais d'une garantie totale : aucun jour de congé ne peut être perdu du fait d'une maladie, qu'elle survienne avant ou pendant la période de repos. Cette protection renforce l'effectivité du droit au repos annuel et harmonise le droit français avec le droit européen.

B – Un risque financier accru pour les PME

Pour les petites et moyennes entreprises, cette évolution peut représenter un coût direct :

- Indemnisation doublée : maintien du salaire pendant l'arrêt maladie, puis paiement des congés reportés.

- Désorganisation opérationnelle : accumulation de jours à solder, nécessitant des remplacements ou une réorganisation interne.

- Tensions de trésorerie : impact plus marqué pour les structures à effectifs réduits et marges limitées.

Ces contraintes pourraient inciter certaines PME à renforcer leurs procédures de contrôle des arrêts maladie et à anticiper, dans leur politique RH, la gestion des reports.

Les services RH devront ajuster leurs procédures de gestion des absences et de paie. La décision ouvre aussi la voie à des contentieux sur la preuve de la notification et la réalité de l'arrêt maladie, ce qui impose une vigilance accrue

Conclusion

En adoptant la position de la CJUE, la Cour de cassation « débloque » une situation figée depuis des décennies. Mais si cette décision marque un progrès social, elle impose aux PME un nouvel équilibre à trouver entre respect des droits des salariés et soutenabilité économique.

La désertion d'amphis par étudiants et professeurs

Nadège Fatou KOUMBA
Secrétaire générale au ministère des affaires sociales (Gabon)

Clotaire MOULOUNGUI
Enseignant-chercheur à l'Université du Littoral (ULCO)

Résumé : À tous les niveaux l'école prépare les jeunes à devenir de bons citoyens et de bons travailleurs. L'assiduité est l'une des vertus qu'il leur convient de maîtriser, puisque l'absentéisme injustifié est considéré comme une faute. Malheureusement, beaucoup de structures de formation souffrent d'un absentéisme chronique de leurs élèves, étudiants et stagiaires. Ils invoquent diverses raisons pour justifier leur défaillance. Le problème est qu'il arrive que les professeurs eux-mêmes manquant à leur devoir d'être présents. Ici encore, des explications plus ou moins acceptables sont invoquées.

Mots clefs : Absentéisme, école buissonnière, professeur, épuisement professionnel, cours inintéressant.

Abstract: At all levels, schools prepare young people to become good citizens and good workers. Regular attendance is one of the virtues they must master, since unjustified absenteeism is considered a fault. Unfortunately, many training institutions suffer from chronic absenteeism among their students, students, and trainees. They cite various reasons to justify their failure. The problem is that sometimes the teachers themselves fail in their duty to be present. Here again, more or less acceptable explanations are given.

Keywords: Absenteeism, truancy, teacher, burnout, uninteresting class.

§§§§§§§§§§§§§§§§§§§

1. – Les difficultés d'accomplissement du travail.

Le terme travail est un synonyme approximatif de l'effort ou de la souffrance. Dans ces conditions, le travailleur est quasiment un masochiste, lui qui se réveille tous les matins pour s'y livrer. De fait, nombre de fonctionnaires, de salariés, de stagiaires, d'étudiants ou d'élèves, font le déplacement vers leur lieu d'activité en traînant les pieds. Ils ont en effet conscience qu'ils se sentiraient bien mieux (leur journée durant) s'ils ne s'y rendaient pas.

Dès lors, par commodité psychologique, ils choisissent de s'absenter quelquefois. Le cas échéant, ils ne demeurent pas pour autant passivement chez eux. En effet, grâce au temps ainsi dégagé, ils prennent parfois part à une activité concomitante, loin de leur structure principale d'appartenance. Au fond, l'idée de s'éviter une situation psychologiquement incommodante, surtout en optant plutôt pour une activité agréable, se retrouve vraiment dans les phénomènes de désaffection des amphis et des bancs d'écoles.

2. – Panorama, en intitulés, des points de cette subdivision.

3. – La désacralisation de l'universitaire par un système inconscient ou populiste. 4. – La pénibilité du métier de professeur dans les lycées et collèges. 5. – L'exportation du bavardage scolaire dans les travées universitaires. 6. – La dépression dorénavant chez des universitaires en souffrance. 7. – La maltraitance institutionnelle des élèves médiocres. 8. – L'impuissance de l'institution scolaire face à la dyslexie et aux autres troubles des apprentissages. 9. – L'abandon de l'école et parfois de la vie par l'élève désemparé. 10. – L'adolescence comme période de fragilité psychologique et de physique ingrat. 11. – La désillusion du lycéen devenu étudiant. 12. – Le manque de plus-value des cours comme cause d'absentéisme. 13. – L'exigence apparente de théâtralité dans l'amphithéâtre. 14. – Le refus professoral du contrôle de l'absentéisme des étudiants. 15. – La lecture active (d'un livre) préférable à l'écoute passive en amphi. 16. – L'hommage au système universitaire allemand. 17. – L'anachronisme des méthodes d'enseignement du droit à l'université. 18. – L'avis des étudiants d'aujourd'hui sur leurs cours. 19. – L'historique de Paul Gerbod sur la critique de l'université comme tremplin vers l'emploi. 20. – Le plaidoyer pour une université fidèle aux raisonnements.

3. – La désacralisation de l'universitaire par un système inconscient ou populiste.

Le métier de professeur, surtout d'enseignant-chercheur, est envié par bien d'autres travailleurs. Ces derniers en admirent le privilège d'être soi-même le juge de sa compétence, ainsi que de l'intérêt social de ses prestations. Il y a en outre les périodes de vacances, de même que la liberté de parole et de plume (93).

---

93) Philippe JESTAZ et Christophe JAMIN, L'entité doctrinale française, *D. 1997*. 167, L'entité doctrinale française, *D. 1997*. 167. Philippe LE TOURNEAU, La plume professorale est libre !, *D. 1995*. 273 : « *L'appréciation du droit positif est dévolue sans partage à la doctrine, sans nul carcan. Pour elle, aucune règle, aucune théorie, n'a de vertu en soi : son champ de discernement est infini. La réflexion n'est pas là pour approuver les lieux communs ou confirmer les évidences mais, au contraire, en prenant de la hauteur, les regarder d'un œil neutre, en recherchant leurs qualités et défauts par rapport au bien commun et au seul combat qui vaille, celui de l'homme* ». Yves GAUDEMET, L'indépendance des professeurs d'université,

Ces contemplateurs ignorent absolument la faiblesse de la rémunération des professeurs (94). Psychologiquement, ils souffrent aussi du droit nouveau des étudiants d'évaluer les enseignements.

Certes, déplorent deux professeurs des universités : « *Le Conseil d'État a jugé, d'une manière que l'on peut juger discutable, qu'une procédure d'évaluation des enseignements, faisant notamment appel à l'appréciation des étudiants, ne comportait aucune incidence sur les prérogatives ou la carrière des enseignants, et qu'elle ne pouvait donc être regardée comme portant atteinte au principe d'indépendance des professeurs de l'enseignement supérieur* » (95).

4. - La pénibilité du métier de professeur dans les lycées et collèges.

D'après un codirigeant du syndicat Snes (du secondaire), le métier est « *de plus en plus difficile, voire anxiogène* ». La pénibilité du métier se manifesterait par un nombre croissant de recours

---

principe commun des droits constitutionnels européens, *D. 1*984, chron. p. 125.

94) Il y a une « *dégradation des rémunérations des enseignants, à l'instar de celle de tous les cadres de catégorie A* ». Plus précisément, « *le pouvoir d'achat des salaires nets des enseignants du secondaire et du supérieur a baissé d'environ 20 % en 25 ans, de 1981 à 2004, pendant que les effectifs s'accroissaient à peu près dans les mêmes proportions* », rapporte Stéphane GUÉRARD (Encyclopédie des collectivités locales, Chapitre 6 (folio n°10370), Personnel des collectivités territoriales : rémunération et management Coll. loc., Novembre 2017, n° 3).

95) Bertrand MATHIEU et Michel VERPEAUX, *La Semaine Juridique Edition Générale* n° 46, 13 Novembre 1996, doctr. 3975.

au temps partiel et par le fait que les professeurs souhaitent partir en retraite le plus rapidement possible.

Selon une enquête auprès de plusieurs milliers de syndiqués, 77 % des professeurs d'entre eux partiraient avant 60 ans *« s'ils le pouvaient »*. A l'inverse, ils sont plus de 60 % à répondre qu'ils continueraient volontiers *« quelques années de plus »* si leur était offert un *« service allégé »* (96).

5. L'exportation du bavardage scolaire dans les travées universitaires.

À cet égard, face à ses nouveaux étudiants dans un amphi, un vieux professeur d'université a constaté que : *« Tout se passait pourtant comme s'ils ne savaient pourquoi on les entassait là et comme s'ils y tuaient le temps en s'entretenant, sans rien attendre ni s'attendre à rien »* (97).

Face à une telle indifférence (im)polie à l'égard de la science et de la connaissance, le professeur Nicolas GRIMALDI (puisque c'est de lui qu'il s'agit) précise : *« J'allai dès le lendemain matin demander qu'on préparât mon dossier de mise à la retraite à partir du jour même où j'aurais soixante ans. »* (98). Ce témoignage s'accorde avec l'affirmation d'un chercheur en ressources humaines (RH), selon lequel le stress extrinsèque conduit le cadre, non pas à s'absenter, mais à partir, c'est-à-dire à démissionner ou à prendre sa retraite.

---

96) Alain AUFFRAY et Emmanuel DAVIDENKOFF, Le syndicat FSU appelle à la grève pour «*l'allègement de la charge de travail*», https://www.liberation.fr/evenement/2001/12/10/la-rtt-des-profs-equation-insoluble_386630.

97) Nicolas Grimaldi, *l'effervescence du vide*, Grasset, 2012, 166 pages.

98) Idem.

L'un de ses collègues, plus prestigieux encore, Michel SERRES, écrira la même année que le bavardage, déjà courant à l'école primaire, puis au collège et au lycée, *« vient d'atteindre le supérieur où les amphis, débordés par lui, se remplissent, pour la première fois de l'histoire, d'un brouhaha permanent qui rend pénible toute écoute »* (99). De fait, poursuit-il, jusque-là l'enseignant *« oralisait de l'écrit [...] Pour cette émission orale, il demandait le silence. Il ne l'obtient plus. »* (100).

6. – La dépression dorénavant chez des universitaires en souffrance.

Des étudiants de L2 de sociologie de l'université de Tours ont causé le choc névrotique de leur enseignante, déjà en épuisement professionnel à cause d'eux. Curieusement, l'employeur de celle-ci aura refusé d'y voir un accident du travail ou plutôt une invalidité imputable au service. D'où sa condamnation par la juridiction administrative (101).

Les étudiants eux-mêmes concèdent volontiers que la position désagréable du professeur soumis à l'outrecuidance comportementale de nombre d'entre eux (102). Un blog estudiantin donne d'ailleurs ceci à lire : *« je pense que cette année les profs ont toléré bien assez de choses... vous confondez*

---

99) Michel SERRES, *Petite Poucette*, Manifestes Le Pommier, 2012, 90 pages.

100) Idem.

101) *« Il est enjoint au président de l'université de Tours de reconnaître l'imputabilité au service de l'accident du 9 février 2015 de Mme C. et d'en tirer toutes les conséquences sur le droit à traitement de l'intéressée, dans un délai d'un mois à compter de la notification du présent arrêt »* (Cour administrative d'appel de Nantes, 4 février 2020, n° 18NT03959, La jurisprudence Eden au secours du professeur chahuté, AJDA 2020. 1295).

102) http://forums.remede.org/lyon__faculte_de_medecine/sujet_23495.html

souvent folklore médical et irrespect ! ». Quand je montre les vidéos de l'amphi à mes amis non-carabins, ils hallucinent tellement que je comprends mieux qu'il faut vraiment limiter ce "folklore". [Le prof] « est là pour enseigner [...] pas pour se ramasser des noms d'oiseaux dans la tronche ». Bref, le professeur se dit sans doute parfois : *« à quoi bon dispenser ce cours... »* ; ou bien, *« est-il bien raisonnable de s'aventurer dans cet amphi ? »*.

7. – La maltraitance institutionnelle des élèves médiocres.

Parallèlement à la souffrance au travail constatée chez les enseignants, l'on relève le désarroi quotidien de beaucoup d'élèves. Effectivement, ils sont malheureux en classe, et même dans la cour de récréation. Que les uns et les autres désertent plus ou moins souvent cet univers ne devrait donc pas étonner. Selon les résultats d'une enquête auprès d'élèves absentéistes, le mal-être à l'école aura causé leur absentéisme, puis leur décrochage scolaire (103).

L'un de nos plus anciens spécialistes contemporains de l'école et de ses acteurs le décrit clairement (104). D'après lui, sauf à être masochiste, l'enfant qui aurait le choix refuserait de fréquenter le système scolaire français. Car celui-ci n'a de

---

103) Sandrine TURKIELTAUB, absentéisme et décrochage, Association jeunesse et droit, *Journal du droit des jeunes*, 2011/4 n° 304, pages 12 à 15, https://www.cairn.info/revue-journal-du-droit-des-jeunes-2011-4-page-12.htm : « *un élève absent plus de 15 fois en 3 mois présente 67,86 % de risques de décrochage* ».

104) François DUBET, Sortir de l'idée de crise [de l'école], entretien avec Florence Giust-Desprairies, ERES, *Nouvelle revue de psychosociologie*, 2010/1 n° 9, pages 131 à 147, https://www.cairn.info/revue-nouvelle-revue-de-psychosociologie-2010-1-page-131.htm.

cesse de montrer aux élèves que tous ne méritent pas vraiment d'en relever (105).

Cela passe par un étalonnage systématique de chacun, au moyen de notes et moyennes. Ainsi, de façon régulière et humiliante, les mauvais élèves sont séparés des bons. Puis, *« pour que nul n'en ignore »*, les résultats sont proclamés ou affichés. Bien entendu, « *le classement des élèves, facilement réalisable avec les notes, devient plus difficile, voire impossible, lorsque le professeur évalue, par exemple, à partir d'un code couleurs dont l'objet est d'indiquer un degré de maîtrise de différentes compétences et connaissances propres à chaque production d'élève* » (106).

Passe encore de procéder à de tels classements à l'adolescence ! Or, cela commence dès le cours préparatoire, voire en maternelle (comme au Japon, en Chine et autres pays asiatiques). Du coup, les enfants sont plutôt beaucoup mieux traités en Australie, au Canada, aux États-Unis, en Angleterre, dans les pays scandinaves, en Espagne, en Italie. À la longue, les mauvais sujets finissent par comprendre qu'ils doivent débarrasser le plancher ; à moins de se hisser au niveau prévu.

---

105) Philippe PERRENOUD, La fabrication de l'excellence scolaire. Du curriculum aux pratiques d'évaluation. Librairie Droz, « *Travaux de Sciences Sociales* », 2010, 328 pages. ISBN : 9782600014847. DOI : 10.3917/droz.perre.1995.01. URL: https://www-cairn-info.ezproxy.univ-littoral.fr/la-fabrication-de-l-excellence-scolaire--9782600014847.htm.

106) Pierre MERLE et Hosoo MOEKO, L'évaluation des écoliers et collégiens, une approche comparative France-Japon, Carrefours de l'éducation, 2017/2 (n° 44), p. 211-227.

ISSN 3096-8152

8. – L'impuissance de l'institution scolaire face à la dyslexie et aux autres troubles des apprentissages.

Dans certaines contrées, l'enseignant se fait un devoir de donner à l'enfant la meilleure image possible de lui-même. Ce qui induit de la confiance et de la volonté de persévérer. Sauf qu'un tel résultat est difficile pour l'enfant qui souffre d'un handicap dont le corps enseignant et les parents peut-être aussi, n'ont pas conscience. L'élève dyslexique rêve alors souvent de s'éloigner le plus possible de l'école.

Selon deux auteures, « *la dyslexie est un trouble de l'apprentissage de la lecture* » (107). Plus précisément appelée « *dyslexie développementale* », elle fait partie, avec la dysphasie, la dyspraxie ou la dyscalculie, des troubles spécifiques des apprentissages. L'institution scolaire ne dispose certainement pas du temps et des moyens pour s'en rendre compte.

D'où un livre entier pour se poser cette question : « *Dyslexie : à qui la faute ?* » (108). Le service militaire obligatoire réussissait pour sa part à déceler et à sauver quelques esprits ; des esprits pourtant supérieurs mais ignorés, car invisibles (109).

---

107) Pascale COLÉ et Liliane SPRENGER-CHAROLLES, La dyslexie : de l'enfant à l'adulte. Dunod, « Éducation Sup », 2021, 348 pages.

108) Bernard JUMEL, Dyslexie : à qui la faute ? Dunod, « Enfances », 2016, 256 pages. ISBN : 9782100724970. DOI : 10.3917/dunod.jumel.2016.01.

109) Le père de Pierre-Gilles de Gennes (prix Nobel de physique), n'a été détecté comme étant à haut potentiel (c'est-à-dire comme surdoué) que lors du service militaire. Les moutons, dont il était le berger, ne s'en étaient rendus compte, pas davantage que les montagnards du coin. Il finira pourtant médecin militaire. Pour donner à son rejeton encore plus de chances que lui-même en aura eues, il l'envoya dès l'âge de 13 ans apprendre l'anglais à Bristol. Un autre berger (le David des Hébreux) aura eu un destin encore plus glorieux, après la découverte de son potentiel (musical et guerrier).

9. – L'abandon de l'école et parfois de la vie par l'élève en question.

L'enfant qui reçoit des coups de ses camarades, ou qui subit leur racket n'emboîtera jamais gaiement le chemin de l'école. Certes, l'abandon intempestif de la scolarité est pourchassé par les autorités publiques, lesquels ont mis en place diverses structures, scolaires, sociales, sanitaires, judiciaires. (110).

L'élève maltraité pourrait même se suicider. Le cas échéant : « *La responsabilité de l'État peut être engagée devant les juridictions administratives pour défaillance dans l'organisation du service en raison des carences dans l'appréhension du harcèlement moral dont fait l'objet un élève au sein d'un établissement public scolaire* » (111). En mai 2023, le ministre de l'Éducation nationale en aura été réduit à reconnaître « *un échec collectif* ».

---

110) Alors pourtant que ces structures ont le même pré carré (ou cœur de cible), elles ne déploient nullement d'approche pluridisciplinaire. Chacune d'entre elles reste en effet dans son couloir. L'hyperspécialisation des acteurs aboutit à une prise en charge fragmentaire de l'enfant, alors qu'une approche globale paraît souhaitable. Ghislain PLUNUS, un référentiel commun pour une meilleure prise en charge des mineurs en situation d'absentéisme ou de décrochage scolaire, I.N.S.H.E.A., *La nouvelle revue de l'adaptation et de la scolarisation*, 2011/4 n° 56, pages 193 à 202, https://www.cairn.info/revue-la-nouvelle-revue-de-l-adaptation-et-de-la-scolarisation-2011-4-page-193.htm.

111) Céline VAN MUYLDER, Harcèlement moral d'un élève et responsabilité de l'État, AJDA 2011. 2431 : « *En l'espèce, le tribunal administratif de Rouen a reconnu l'existence une faute dans l'organisation du service et un lien de causalité entre celle-ci et le suicide d'un jeune collégien* ».

ISSN 3096-8152

10. – L'adolescence comme période de fragilité psychologique et de physique ingrat.

À ces RPS scolaire se rajoutent des difficultés propres à l'élève lui-même. Par exemple trop de boutons d'acné, ou des seins proéminents incitatifs au regard interrogateur ou même concupiscent. L'absentéisme de l'élève victime de ces divers éléments se comprend sans peine (112).

Au demeurant, l'adolescence est un âge paradoxal où le jeune peut aussi chercher que l'on s'intéresse à lui, parfois grâce à l'école buissonnière. L'enseignant dira alors parfois, d'un tel élève, qu'il brille par son absence. Selon toute apparence, la situation de certains élèves appelle une mesure de placement. L'auteur des souffrances à autrui est parfois lui-même en souffrance, et mériterait une protection judiciaire.

Dans une espèce, *« la mesure de placement a été ordonnée [...] sur la base [...] des éléments d'inquiétude rapportés à l'audience du Juges des Enfants, montrant que Pascaline se mettait gravement en danger par des conduites inquiétantes, (absentéisme scolaire, agressivité et actes de violences, racket sur un élève, inhalation de produits sorties nocturnes et fugues) ainsi que par des comportements inadaptés vis-à-vis*

112) On est forcément d'accord avec le psychiatre, lorsqu'il estime « *évident que sanctionner les parents d'un jeune victime de racket ou de phobies scolaires, renvoyer un élève porteur d'acné... sont autant de mesures dont l'aberration est flagrante et contre-productive alors qu'il serait si simple de permettre au premier de parler de ce qu'il subit avant d'aller porter plainte, au second d'être orienté vers une aide thérapeutique adaptée et au troisième de consulter un dermatologue !* ». Patrice HUERRE, s'absenter : choix ou nécessité ?, I.N.S.H.E.A., La nouvelle revue de l'adaptation et de la scolarisation, 2011/4, N° 56, pages 13 à 20, https://www.cairn.info/revue-la-nouvelle-revue-de-l-adaptation-et-de-la- scolarisation-2011-4-page-13.htm.

notamment, de sa mère et de sa sœur et le refus de tout cadre et de toute autorité » (113).

11. – La désillusion du lycéen devenu étudiant.

Malgré tout, l'élève même moyen et indiscipliné réussira à obtenir son baccalauréat. Il croira alors pouvoir s'épanouir dans la des structure universitaire qui aura bien voulu l'accueillir (114).

En réalité, il risque encore de briller par un important absentéisme, parce que la formation hôtesse ne coïncidera pas à ses motifs impulsifs et déterminants (115). De plus, la facilité d'accès à l'université contraste terriblement avec le niveau souhaitable pour suivre utilement les enseignements (116).

Or, chaque absence augmentera les lacunes qui, compliquant la compréhension des cours suivants, conduiront à l'abandon. Toutefois, les boursiers s'efforceront de participer encore et

---

113) Cour d'appel de Rennes, 24 mai 2013, 13/00007E.

114) « *Les meilleurs étudiants choisissent les grandes écoles par préférence aux universités qui, du fait de l'absence de sélection, sont une solution de repli. À cela deux exceptions : les études médicales et - un peu encore - les études juridiques* » (Hervé CROZE, Pourquoi les facultés de droit devront sortir de l'université, La Semaine Juridique Edition Générale n° 35, 29 Août 2011, 880).

115) Emmanuelle MAUPIN, Le profil du lycéen sera pris en compte pour l'accès à l'université, *AJDA* 2017. 2100 : « *le lycéen fera au maximum dix vœux non hiérarchisés pour éviter les orientations par défaut* ».

116) Fabrice MELLERAY et Rozen NOGUELLOU, La réforme de l'accès à l'université, AJDA 2018. 1162 : « *Si la loi relative à l'orientation et à la réussite des étudiants marque une étape importante dans le développement de la sélection des jeunes souhaitant étudier à l'université, elle s'inscrit dans une logique largement centralisatrice et contribue à certains égards à réduire encore davantage l'autonomie des établissements* ».

toujours aux manifestations (TD et examens) faisant l'objet d'un contrôle d'assiduité. C'est un effort dicté par la crainte de la perte de la bourse au cas d'absentéisme sans excuse légitime (117).

12. – Le manque de plus-value des cours comme cause d'absentéisme.

Il arrive également que de bons étudiants soient eux aussi absentéistes. La première raison de leur désaffection des locaux d'enseignement est que, suivre les cours, serait éprouvant. Comment cela ? Parce qu'ils sont bruyants et/ou ennuyeux.

La seconde raison est l'inutilité de leçons promises. Car, les savoirs proposés sont tous accessibles de chez soi ; c'est-à-dire sans devoir se déplacer (118). Le déplacement ne s'imposerait

117) Code de l'éducation, article R531-31 : « *1// Le paiement des bourses nationales d'études de second degré de lycée est subordonné à l'assiduité aux enseignements. 2// L'assiduité du boursier est certifiée par le chef d'établissement lorsqu'il valide la liste des boursiers pour le trimestre, reçue du service académique des bourses. 3// En cas d'absences injustifiées et répétées d'un élève, la bourse peut donner lieu à retenue. //4 Cette retenue est opérée lorsque la durée cumulée de ces absences excède quinze jours, dans la proportion d'un deux cent soixante-dixième par jour d'absence. 5// […]* ».

118) Michel SERRES, Petite Poucette, Manifestes Le Pommier, 2012, 90 pages : « *Pourquoi bavarde-t-elle, parmi le brouhaha de ses bavards camarades ? Parce que, ce savoir annoncé, tout le monde l'a déjà. En entier. A disposition. Sous la main. Accessible par Web, Wikipédia, portable, par n'importe quel portail. Expliqué, documenté, illustré, sans plus d'erreurs que dans les meilleures encyclopédies. Nul n'a plus besoin des porte-voix d'antan, sauf si l'un, original et rare, invente* ». *Thomas CLAY, L'enseignement et la recherche en droit de l'arbitrage, Cahiers de*

à l'esprit que si les cours offraient une certaine valeur ajoutée ; ce qui paraît douteux. Un tel scepticisme recouvre plus généralement de son voile les apprentissages prévus. L'explication est que ceux-ci seraient trop théoriques et, de ce fait, sans intérêt dans la *"vraie vie"*.

Bref, tant les désagréments que l'insignifiance des cours universitaires concourent à l'indisponibilité des étudiants. Ces derniers sont dès lors vainement attendus, et n'en tirent donc pas le profit planifié. Contrairement au pressentiment que l'on pourrait éprouver, ce sévère réquisitoire ne vient pas des étudiants, mais essentiellement des enseignants eux-mêmes (119).

13. – L'exigence apparente de théâtralité dans l'amphithéâtre.

Un auteur reproche à sa corporation des enseignants-chercheurs de s'adonner le plus souvent à *« des dictées sans fin »* dans leurs amphithéâtres (120).

---

l'arbitrage, 2017, n° 3, p. 419 : « Il faut donc transformer les cours d'amphithéâtre pour qu'ils offrent quelque chose que les étudiants ne trouvent pas dans leurs livres, quelque chose de suffisamment intéressant pour que la participation aux cours soit utile. Il convient notamment de mettre en place les conditions d'une véritable interactivité ».

119) Non, ces enseignants n'entendent pas alors « *scier la branche sur laquelle ils sont assis* ». Ils espèrent plutôt la renforcer en en détectant les failles, en les dénonçant, et en les colmatant au mieux.

120) Jean DANET, Sur la force d'inertie des facultés de droit en France, Dalloz, « Les cahiers de la justice », 2018/2, n° 2, pages 211 à 224 : « *D'autres lisent leur petit manuel en cours ! Les autres cours, les plus nombreux, en dépit du concours d'agrégation, sont ternes, et les meilleurs juristes, ceux qui*

Or, croit-il, rares sont ceux d'entre eux qui « *savent encore mettre en scène un tel cours magistral et leur enseignement, en raison du spectacle, cesse [cesserait] d'être ennuyeux* ». Un vieux professeur de philosophie n'avait peut-être jamais connu l'astuce. Il a en effet rapporté (dans ses mémoires) cette situation vécu en amphi : *« Je me sentais comme un camelot à la foire. Pour attirer l'attention et me faire un instant écouter, il m'aurait fallu cracher le feu, hurler dans un mégaphone ou à grand fracas briser quelques piles d'assiettes »* (121).

Au fond, est-il sûr que l'état d'esprit du spectacle soit le plus approprié à la diffusion optimale de connaissances universitaires dont la réputation de difficulté n'est certainement pas usurpée ? En d'autres termes, il conviendrait peut-être de distinguer théâtre et amphithéâtre. Il n'empêche qu'un professeur de droit avait déjà soutenu que le cours magistral *« est un pensum pour l'étudiant passif et même pour l'enseignant, à peine plus actif. Il suffit de voir la désertion des cours d'amphithéâtre par les étudiants et par les enseignants les plus capés pour le confirmer »* (122).

Cette affirmation paraît discutable relativement aux *« enseignants les plus capés »*. Car leur désertion s'explique davantage par le refus d'affronter les nouveaux étudiants, et par la plus grande latitude qu'ils ont de vaquer à d'autres activités universitaires choisies (123).

---

deviennent de grands magistrats ou avocats déplorent, cinq ans, dix ans, vingt ans après, la morosité qui régnait dans les amphis ».

121) Nicolas GRIMALDI, *l'effervescence du vide*, Grasset, 2012, 166 pages.

122) Thomas CLAY, L'enseignement et la recherche en droit de l'arbitrage, *Cahiers de l'arbitrage*, 2017, n° 3, p. 419.

123) Cour administrative d'appel, Versailles, Chambre 6, 21 Février 2013 - n° 11VE00991 : « *aux termes de l'article 7 du décret susvisé du 6 juin 1984, en vigueur à la date de la décision attaquée* », a jugé cette juridiction, « *les*

14. – Le refus professoral du contrôle de l'absentéisme des étudiants.

Comme si la désertion spontanée et illicite des amphis n'était pas déjà assez préoccupante, le contrôle des absences est remis en cause. Quoi qu'il en soit, des enseignants suisses se sont émus du changement de règlement intérieur dans leur UNIVERSITÉ DE LAUSANNE.

L'émotion invoquée aura été générée par l'article 30 du nouveau règlement, lequel portait que : *« Le contrôle de la fréquentation d'un enseignement par les étudiants, par exemple par le biais d'une "liste de présence", n'est pas un mode de validation. Ce contrôle n'est en principe pas autorisé »*. Dès lors, se posait la question de savoir *« comment procéder pour faire venir les étudiant-e-s en classe »*.

En réponse, un autre enseignant a rétorqué qu'une telle évolution était défendable ; car incitant à dépasser l'intérêt excessif qui est donné au présentéisme. Plus précisément, écrit-il, *« la raison d'être de cette règle est d'encourager les enseignant-e-s à davantage tenir compte de critères pédagogiques pour valider un séminaire plutôt qu'en se basant sur le seul critère de la présence physique en classe »* (124).

---

professeurs des universités ont vocation prioritaire à assurer leur service d'enseignement sous forme de cours. Ils ont en outre, la responsabilité principale de la direction des centres de recherche ». Leurs collègues, maîtres de conférences devant être servis en second lieu, ces derniers disposent d'un plus faible éventail de choix.

124) Amaury DAELE, L'absentéisme des étudiant-e-s. Pédagogie universitaire - enseigner et apprendre en enseignement supérieur [En ligne]. 2011 Nov. [cité le 12 juillet 2017]. Disponible : https://lc.cx/NEGA.

15. – La lecture active (d'un livre) préférable à l'écoute passive en amphi.

Dans un étude remarquable, un professeur français de droit convient *« qu'un étudiant qui dispose d'une heure de temps apprendra beaucoup plus en lisant avec attention le manuel qu'il aura choisi qu'en écoutant passivement un cours dispensé en amphithéâtre »* (125).

Il ajoute que : *« Si le cours n'a d'autre vocation que d'offrir le contenu d'une matière, il ne sert plus à rien. L'apport personnel de l'enseignant n'est plus tel qu'il justifie la présence silencieuse, quasi religieuse, de l'étudiant pour l'écouter »* (126).

Pour sa part, une scientifique belge, devenue pédagogiste, recommande aux étudiants de systématiquement se demander s'il est *« intéressant et pertinent d'assister à la grande majorité des cours magistraux »*. Elle dit aux étudiant que si après avoir examiné *« avec recul plusieurs cours magistraux d'une même matière ainsi que votre activité pendant ce cours, vous constatez avec regret qu'aucune valeur ajoutée n'est apportée, vous pouvez remettre votre présence à ce cours en question et exploiter ce temps pour découvrir et traiter la matière par vous-même »* (127).

---

125) Thomas CLAY, L'enseignement et la recherche en droit de l'arbitrage, *Cahiers de l'arbitrage*, 2017, n° 3, p. 419.

126) Idem.

127) Mireille HOUART, Réussir sa première année d'études supérieures, de Boeck supérieur, 2è éd. 2017, p. 24. L'auteure résume la valeur ajoutée d'un CM : *« découverte de la structure de la matière ; compréhension des notions ; matières notées par le professeur de manière compacte ou sous*

16. – L'hommage au système universitaire allemand.

Le phénomène des étudiants fantômes frappe ainsi donc la Belgique et la Suisse, ou à tout le moins leur aire francophone. Peut-être la méthode allemande est-elle plus pertinente et donc davantage courue (128).

En 1932 déjà, un professeur parisien indiquait à des américains qu'en France, la Faculté de Lettres tenait en horreur la mémorisation servile, laquelle semble à l'œuvre ici et là, dans les autres facultés. En effet, se vantait-il, chez eux l'on pratique de préférence l'initiation *« au travail personnel et à la recherche approfondie et originale, et nous regrettons à cet égard qu'il y ait encore trop de cours professés ex cathedra et trop peu de conférences du genre du Séminaire allemand et de notre École des Hautes Études, où l'élève explique les textes et apporte ses travaux, devant ses camarades et devant le maître, qui fait la critique »* (129).

---

forme de schémas ; première mémorisation ; qualité de votre prise de notes ; intérêt pour la matière » (p. 25).

128) « *L'insertion professionnelle des doctorants est difficile en France bien davantage qu'en Allemagne. [...]. L'amélioration de l'intégration professionnelle des étudiants devrait être obtenue, selon la ministre et sa majorité parlementaire, au moyen de l'intégration des expériences dans l'entreprise dans le temps de la formation* » (Antony TAILLEFAIT, La loi relative à l'enseignement supérieur et à la recherche du 22 juillet 2013 : une ligne de départ pour la réforme de l'université française ?, La Semaine Juridique Administrations et Collectivités territoriales n° 51, 16 Décembre 2013, 2365).

129) Gustave COHEN, La Formation de L'étudiant et du Professeur Français, The French Review, Vol. 5, No. 6 (May, 1932), pp. 445-461 : American Association of Teachers of French ; https://www.jstor.org/stable/379638.

Neuf décennies plus tard, un professeur de droit (de Sciences Po) aura également eu à s'interroger sur la place susceptible d'être faite à la méthode allemande (plus de pratique et moins de théorie). Il suggère alors aussi des séminaires suivis de recherches personnelles (130).

17. – L'anachronisme des méthodes d'enseignement du droit à l'université.

Un professeur de droit dénonce le fait que : *« Le droit s'enseigne comme il y a dix siècles alors que tout a changé ».* Il songe notamment à l'émergence récente du numérique. C'est dans ces circonstances qu'il renvoie au livre ad hoc d'un de ses collègues (131).

L'idée est que le numérique permet de faire parvenir à des milliers d'étudiants (n'importe où dans le monde), aussi bien le cours, que la documentation interactive correspondante. Ce qui présente par ailleurs l'avantage de régler *« le problème de*

130) Christophe JAMIN, Enseigner le droit : sujet inépuisable ..., Dalloz, *Les Cahiers de la Justice*, 2018/2, n° 2, pages 239 à 249. En effet, dit-il, l'on pourrait « *imaginer des études juridiques s'organisant autour de la division tripartite et chronologique qui suit : [apprentissage du langage de base au travers des quelques matières essentielles ; multiplier les études de cas ; revenir parfois en bibliothèque pour approfondir une question théorique]. […] comment apprendre ce langage de base dans chacune de ces matières ? Par le biais d'un cours magistral à la française ou à l'allemande (qui est plus interactif alors même que le nombre des étudiants est à peu près identique à celui d'un cours dispensé en France) ?* »

131) Il s'agit de collègue Bruno DONDERO, Droit 2.0 : *Apprendre et pratiquer le droit au XXIe siècle*, LGDJ-Lextenso éditions, 2015

la pénurie d'espace dans les amphithéâtres car le présentiel n'est plus » (132).

Cet émerveillement devant l'ordinateur et l'Internet suscite néanmoins quelques réserves. Parce que, d'une part, l'échange humain direct entre le maître et l'élève paraît utile (133). D'autre part, l'on sait que pour l'étudiant qui veut réussir (et réussira sans doute), *« le cours reste la référence principale dans la préparation des examens »* (134).

Or, celui-ci (le cours) est préférable en face à face charnel : *« C'est grâce à cette présence physique de tous que, non seulement le savoir est transmis, mais aussi et surtout la passion de la*

---

132) Thomas CLAY, L'enseignement et la recherche en droit de l'arbitrage, *Cahiers de l'arbitrage*, 2017, n° 3, p. 419.

133) « *Une dématérialisation des enseignements supprimerait ou du moins modifierait sensiblement la relation entre l'enseignant et ses étudiants. Or, face à un amphithéâtre, il est tout à fait possible de « sentir » (soit par des questions posées, soit, plus souvent, en constatant un certain trouble parmi les étudiants) que le message n'est pas passé, que l'explication n'a pas été comprise, qu'elle doit être reformulée ou qu'un autre exemple doit être pris. Ce rappel plaide à nouveau en défaveur d'un cours enregistré et diffusé, reproduit devant des étudiants spectateurs et donc passifs* » (Jean-Baptiste PERRIER, interactivité et innovations pédagogiques, Libres propos, Dalloz, Les Cahiers de la Justice, 2018/2, n° 2, pages 251 à 256).

134) Jean-Luc PRIMON et Alain FRICKEY, Les manières sexuées d'étudier en première année d'université, Presses de Sciences Po (P.F.N.S.P.), *Sociétés contemporaines,* 2002/4 no 48, pages 63 à 85, https://www.cairn.info/revue-societes-contemporaines-2002-4-page-63.htm. Les étudiantes (filles) paraissent moins absentéistes que leurs camarades masculins. Elles ont compris que « *le cours reste la référence principale dans la préparation des examens. La prise de notes et donc la manière de conserver le contenu du cours, loin d'être une tâche secondaire, constitue une activité centrale dans le métier d'étudiant* ». De leur part, noter l'intégralité du cours semble par conséquent défendable. Au fond, leur assiduité et leur discipline d'écolier modèle ne font sourire que ceux qui ignorent qu'elles ravissent ensuite les premières places des examens et concours.

discipline enseignée, celle que les étudiants ne trouveront pas dans les livres » (135).

18. – L'avis des étudiants d'aujourd'hui sur leurs cours.

Dans le souci de mieux comprendre le (nouveau) public étudiant et ses espérances, une cohorte de 112 étudiants a été interrogée en septembre 2012 et 2013. L'enquête visait plus précisément à obtenir leur avis sur les méthodes d'enseignement et sur le contenu des cours.

À croire l'une des analystes, *« les résultats ont permis de mettre en lumière d'une part, l'importance de la notion d'utilité du cours telle que perçue par les étudiants et d'autre part, la focalisation des attentes des étudiants sur des compétences dites "non académiques" de l'enseignant* » (136).

À la même époque, un auteur soutenait que : *« les étudiant-e-s sont motivé-e-s pour apprendre et travailler ! La seule chose qu'ils/elles demandent est que ce qu'ils/elles apprennent ait du sens par rapport à leurs objectifs personnels ! »* (137). Pareillement une thèse doctorale s'était déjà préoccupée de *« la nécessité de répondre aux difficultés d'enseigner les*

---

135) Christophe CARON, Télé-étude, *Communication Commerce électronique n°* 4, avril 2021, repère 4.

136) Cynthia ENGELS, Les attentes des étudiants de génération Y en formation paramédicale : des compétences académiques mais aussi non académiques, Association de recherche en soins infirmiers (ARSI), Recherche en soins infirmiers ; 2017/4 N° 131 | pages 41 à 51, https://www.cairn.info/revue-recherche-en-soins-infirmiers-2017-4-page-41.htm.

137) Amaury DAELE, L'absentéisme des étudiant-e-s. Pédagogie universitaire - enseigner et apprendre en enseignement supérieur [En ligne]. 2011 Nov. [cité le 12 juillet 2017]. Disponible : https://lc.cx/NEGA.

sciences en prenant en compte la singularité de l'élève et en donnant du sens aux apprentissages » (138).

Le drame est que, même « *l'aide proposée par le biais du tutorat s'éloigne parfois fortement des demandes réelles des étudiants, notamment pour ce qui concerne la préparation aux examens* » (139).

19. – L'historique de Paul Gerbod sur la critique de l'université comme tremplin vers l'emploi.

En vérité, les doutes relatifs à l'intérêt des formations se révèlent récurrents. On peut en avoir une idée pour le siècle dernier grâce à la longue citation ci-dessous (de Paul GERBOD) :

« *Dès 1904, le doyen de la Faculté de Droit de Lille souligne que "beaucoup de nos excellents élèves qui ne sont pas favorisés par une situation de famille les mettant à l'abri de toute appréhension se découragent à l'avance à l'idée de se trouver sans occupation, munis d'un titre inutile". En 1905, I'A.G. de Lille constate à son tour qu'il existe "un mal évident" : les offres d'emploi pour les juristes et les pharmaciens se raréfient* ».

---

138) Marion DUBOSQ, L'impact des contenus d'enseignement sur les adolescents : l'enseignement de l'atome en collège et lycée : vers une didactique instrumentale, Th. Sciences de l'Éducation, Lyon, 2017, Résumé.

139) Cathy PERRET, Julien BERTHAUD et Laurent PICHON, Proposer des révisions intersessions aux étudiants de 1ère année : quelles relations avec la réussite aux examens ?, CERSE - Université de Caen, *Les Sciences de l'éducation, Pour l'Ère nouvelle*, 2014/1 Vol. 47, pages 37 à 65, https://www.cairn.info/revue-les-sciences-de-l-education-pour-l-erenouvelle-2014-1-page-37.htm.

« En 1910, les étudiants en sciences se plaignent de ne pas trouver facilement des débouchés dans l'industrie et exigent des enseignements plus utiles à leur avenir professionnel. En 1922, un service de placement des étudiants est ouvert à la Sorbonne et, en 1928, dans L'Europe Nouvelle, Fernand Maurette s'inquiète de la "surproduction de travailleurs intellectuels". [...] ».

« Dans les années 30, le problème des débouchés prend un tour inquiétant : le "chômage des diplômés de l'enseignement supérieur" s'est aggravé. En 1932 est fondé le Bureau universitaire de statistique et d'orientation professionnelle avec l'appui de l'UNEF et du Ministère de l'Éducation Nationale. Cet organisme lance en 1937 un bulletin régulier d'informations le Courrier des Étudiants et, la même année. En 1937, Roland Weil avait déjà publié "Le chômage de la jeunesse intellectuelle diplômée". [...] ».

« Les polémiques resurgissent toujours plus passionnelles sur l'inutilité des études supérieures, la multiplication des "étudiants fantômes" et des "éternels étudiants". On oppose aux "universités parking" frappées de gigantisme et de stérilité, quand elles ne sont pas un danger pour l'ordre social et politique (depuis la crise de mai 68), le système rationnel des "Grandes Écoles" et des Écoles d'ingénieurs et techniciens fondé sur une sélection sévère et sur des cursus pragmatiques » (140).

---

140) Paul GERBOD, Note sur la condition matérielle et morale de l'étudiant français, Revue française de sociologie, Vol. 21, No. 2 (avril. - juin, 1980), pp. 251-258, Sciences Po University Press on behalf of the Association Revue Française de Sociologie, https://www.jstor.org/stable/3321110. « *Les grèves, du moins jusqu'en 1976, n'ont cessé de paralyser le travail universitaire ; la "démagogie" et l'"impuissance" du corps enseignant ont*

Le professeur PAUL GERBOD allait jusqu'à se demander si ce n'était pas l'université tout entière qui était devenue anachronique, comparativement aux écoles à vocation professionnelle d'où sortent ingénieurs et gestionnaires. Or ces écoles ont parfois des niveaux intellectuels satisfaisants ainsi qu'un pragmatisme qui manque à l'université, laquelle ne tient pas compte (par ignorance ou par arrogance), des *« besoins réels et récents du marché de l'emploi »* (141).

20. - Le plaidoyer pour une université fidèle aux raisonnements.

Un professeur spécialisé dans les Sciences de l'information et de la communication réfute la critique des théories à l'université. Car une vision si utilitariste ne laissera subsister que quelques structures autorisant du recul et de la hauteur de vue. En effet, la grande masse des formations se contentera de marteler règles et formules dans les cerveaux, sans jamais essayer d'en comprendre la genèse et la finalité ultime.

Plus précisément, proclame cet auteur : *« La réduction des CM au profit des TD expurgera mécaniquement l'enseignement supérieur de ses dernières scories de pensée critique et réduira le peu de recherche qui y était encore menée avec les moyens du bord : une fois qu'on ne fera plus que surveiller des exercices techniques réalisés par les étudiants, au lieu de leur exposer des problématiques ayant une certaine ampleur de vue, on aura au nom du pédagogisme, réalisé l'idéal des marchés financiers : faire de l'université un vivier de futurs jeunes*

---

contribué à la dévaluation des diplômes. L'absentéisme et un laisser-aller général sont les signes révélateurs du malaise ».

141) Paul GERBOD, précité :

stagiaires employables et jetables à merci, et non plus un lieu d'émancipation par l'exercice d'une réflexion autonome » (142).

142) Igor BABOU, 2015. https://blogs.mediapart.fr/igor-babou/blog/200915/le-metier-de-chercheur-lenseignement-et-les-seminaires.

Les sanctions morales du travailleur

Anicet MBADINGA
Professeur à Libreville (Gabon)

Clotaire MOULOUNGUI
Maître de conférences hors classe à l'ULCO

Christiane MOULOUNGUI
Chargée de bonheur chez MIA

Résumé : En matière de droit du travail, le juriste parle (par abus de langage) de sanctions morales. Il s'agit d'agréments subis par le travailleur de la part de son employeur, mais sans perte patrimoniale, contrairement aux sanctions disciplinaires. Pourtant quelques travailleurs protestent contre de telles sanctions morales en prétendant qu'elles constituent des fautes commises par l'employeur à leur encontre. Ils invoquent alors éventuellement les délits de harcèlement et de discrimination.

Mots clefs : Sanctions morales, sanctions disciplinaires, harcèlement, discrimination, faute de l'employeur.

Abstract: In labor law, legal experts refer (by misuse of language) to moral sanctions. These are concessions received by the worker from their employer, but without financial loss, unlike disciplinary sanctions. However, some workers protest against such moral sanctions, claiming that they constitute misconduct committed by the employer against them. They then sometimes invoke the offenses of harassment and discrimination.

Keywords: Moral sanctions, disciplinary sanctions, harassment, discrimination, employer misconduct.

§§§§§§§§§§§§§§§§§§

Introduction

1. – La volonté unilatérale de l'employeur et du salarié.

Les sanctions disciplinaires sont bien connues : rétrogradation, mise à pied, mutation, licenciement. Mais avant d'en arriver là, l'employeur mécontent de son travailleur peut commencer par le dialogue. Un dialogue qui pourrait d'ailleurs être énergique. Car il s'agira d'amener rapidement l'intéressé à une autocorrection rapide (I.). De fait, avant ou après une pareille entrevue, l'employeur se livre éventuellement à un dialogue avec lui-même (un soliloque) sur l'absentéisme et la façon de l'obvier. Or, de sa réflexion découle parfois des mesures proches de l'illégalité (II.).

I. – L'exigence d'une autocorrection à l'absentéiste

2. – L'hostilité aux sanctions morales même neutres.

Compte tenu de son pouvoir de direction du collectif de travail, l'employeur semble légitime à pouvoir souhaiter ou même à exiger l'autocorrection de ses personnels défaillants. Il ne sévira donc pas toujours immédiatement, préférant le dialogue. L'échange aura néanmoins un caractère officiel ; au point d'être considéré comme une sanction, une sanction morale (A.). Quelquefois, la démarche pourtant conciliante de l'employeur ne reçoit pas un accueil favorable de la part des intéressés. Il arrive ainsi que des absentéistes vivent mal le discoure correctif délivré par l'employeur (B.).

ISSN 3096-8152

A. – Le doute entre sanction disciplinaire et sanction morale

3. – Le contours des sanctions applicables au travailleur.

Le droit est une série de notions et de concepts que les justiciables et leurs juges doivent comprendre. Alors, la notion de sanction a besoin d'explications ; même s'il est courant de parler de sanctions disciplinaires dans le monde du travail. D'ailleurs, celles-ci ne se confondent pas forcément avec les sanctions morales. En tous cas, les unes et les autres ne sauraient être infligées à la légère et n'importe comment. Des procédures existent en effet ; et leurs acteurs sont prédéterminés.

Cela étant, chacun peut logiquement se dire que les sanctions morales viennent avant d'éventuelles sanctions disciplinaires. En revanche, il est beaucoup moins intuitif de savoir si les sanctions morales sont (en tous les cas) un passage obligé préalablement à des mesures disciplinaires fortes.

4. – La sanction d'après le Code du travail.

C'est en creux que la législation laisse entrevoir ce qu'est une sanction morale. En caricaturant, il s'agit d'une non-sanction. Aux termes du Code du travail (art. L1331-1), le législateur dispose que : « *Constitue une sanction toute mesure, autre que les observations verbales, prise par l'employeur à la suite d'un agissement du salarié considéré par l'employeur comme fautif, que cette mesure soit de nature à affecter immédiatement ou non la présence du salarié dans l'entreprise, sa fonction, sa carrière ou sa rémunération* ».

Il ajoute dans une autre subdivision de ce Code (art. L1332-2) que : « *Lorsque l'employeur envisage de prendre une sanction, il convoque le salarié en lui précisant l'objet de la convocation, sauf si la sanction envisagée est un avertissement ou une sanction de même nature n'ayant pas d'incidence, immédiate ou non, sur la présence dans l'entreprise, la fonction, la carrière ou la rémunération du salarié* ».

Une place à part est ainsi donc faite par le législateur aux observations verbales, à l'avertissement et aux sanctions de même nature. L'explication est que de telles mesures patronales ne font pas grief (un peu comme le dirait le juge administratif). Peut-être sont-elles alors des sanctions morales !

5. – La rareté de la définition des notions dans les codes.

Ni le Code du travail, ni la jurisprudence correspondante, ne semblent se préoccuper de la définition à donner aux sanctions morales. Au fond, le faut-il vraiment de la part des autorités (143) ? Certes, le Code civil de 1804, lui, renferme la définition des mécanismes qu'il réglemente. En l'occurrence, le fait de s'être appuyé sur les manuels de Pothier et d'autres jurisconsultes aura beaucoup aidé ses rédacteurs.

Néanmoins, dans le Code de commerce, ils auront échoué à définir le commerçant. Effectivement, ils renvoyèrent au fait d'accomplir des actes de commerce. Or ces actes eux-mêmes n'étaient nul part résumés par une formule générique. De tels renvois et imprécisions fourmillent dans la législation ; y compris le Code du travail.

Au point que « *le conseil de prud'hommes donne son avis sur les questions que lui pose l'autorité administrative [inspection du*

---

143) Cédric HÉLAINE, L'appellation de « steak végétal » devant la Cour de justice, D.A. 8 octobre 2024 ; C.B., Une circulaire sur la définition des eaux closes, Tourisme et Droit 2008, n°98, p.11.

travail notamment] » (144). Il faut espérer qu'il s'agit simplement de s'enquérir des difficultés d'application de la législation sociale.

Grosso modo, c'est l'administration qui conçoit cette législation sociale ensuite offerte aux conseils de prud'hommes, lesquels sont composés d'employeurs et de salariés. Or, la principale légitimité de ce praticiens momentanément juges vient de leur élection par des pairs.

Concrètement, ils auront rarement fréquentés une faculté de droit. On finit par en conclure que, tant pour l'édiction des règles que pour leur mise en œuvre, avoir préalablement étudier le droit n'est pas du tout utile. Certes, quelques officines donnent aux intéressés les rudiments indispensables.

6. – L'identification des mesures qualifiables de sanctions.

Le silence du législateur et de la jurisprudence surprend à peine. Il est vrai que l'obligation de clarté des textes est devenue de valeur constitutionnelle ; tout au moins en matière pénale.

Selon le Professeur DUQUESNE (auquel il faut certainement se joindre), *« il est parfois difficile d'évaluer ce qu'est une sanction »* (145). Cette difficulté d'appréciation est concrètement advenue au conseil de prud'hommes d'Abbeville (26 octobre 1987) à propos d'un licenciement à qualifier. L'alternative était : soit il s'agissait d'un licenciement pour

---

144) Code du travail, article L1411-5.

145) François DUQUESNE, Droit du travail 2019, Mémentos LMD, p. 102, Gualino Lextenso. Il professe aussi que : « *En droit du travail, ni la faute du salarié, ni la sanction dont celui-ci se trouve menacé, ne font l'objet d'une définition légale* ».

faute ; soit c'était un licenciement pour exécution défectueuse du contrat de travail.

En droit, seul le premier cas est considéré comme une sanction. Les juges prud'hommes ont opté pour la seconde branche de l'alternative. Même si, selon l'employeur, le licenciement avait été *« motivé par l'avertissement précédent, par des retards réitérés et des absences non motivées [...] »*. La Cour de cassation a alors tranché que c'est à tort que ces juges du fond avaient cru pouvoir refuser *« d'admettre le caractère disciplinaire du licenciement prononcé »*. C'était donc plutôt une sanction.

L'hésitation s'amplifie sans doute lorsqu'il faut cette fois préciser si la mesure appliquée à une personne est (ou non) une sanction morale. D'autant plus que le Conseil constitutionnel proclame que les principes instituant l'obligation de *« peines strictement et évidemment nécessaires »* (DDHC de 1789, art. 8) *« ne concernent pas seulement les peines prononcées par les juridictions pénales mais s'étendent à toute sanction ayant le caractère d'une punition »* (146).

7. – Une différence entre punition et sanction.

De ce qui précède, il apparait que toutes les sanctions ne sont pas des punitions. Peut-être sont-elles alors des sanctions morales ! (147). C'est par tâtonnement, et donc avec le flou

146) Décision n° 2016-556 QPC du 22 juillet 2016, point 10.

147) Le théoricien fonde les sanctions du règlement intérieur sur l'idée d'une libre adhésion à un acte, ou bien sur l'application d'un acte unilatéral privé. Le praticien rappelle qu'en tout état de cause, ces sanctions doivent être connues d'avance par le salarié, et appliquées avec mesure par l'employeur.

inhérent à une pareille (dé)marche, que nous devrions pouvoir mieux percevoir le sens et la portée de la sanction morale. L'hésitation sur ce qu'il faut considérer comme une sanction porte notamment sur les mutations, lesquelles n'en constitueraient nullement.

À propos de l'hésitation entre l'effet neutre et l'effet préjudiciable d'une mesure de l'employeur à l'égard du salarié, la Cour de cassation (16 décembre 1980) avait censuré un jugement du tribunal civil de Papeete (24 janvier 1979). Cette juridiction du fond avait annulé l'avertissement infligé (le 12 avril 1978) par la SOCIÉTÉ UNION DE TRANSPORTS AÉRIENS à GARCIA (un mécanicien et délégué du personnel) pour retard dans la reprise du travail ; après une pause.

Selon le jugement, *« la faute commise n'avait pas une gravité suffisante pour justifier un avertissement et méritait seulement un rappel à l'ordre »*. Mais, a dit la Cour de cassation, *« en statuant ainsi, le tribunal civil, qui a substitué son appréciation à celle de l'employeur sur la gravité de la sanction de la faute professionnelle dont il constatait la réalité, n'a pas légalement justifié sa décision de ce chef »* (148).

La censure avait été fondée sur l'article 1134 du Code civil, texte alors relatif à la force obligatoire des contrats ; ici le contrat de travail (149). Selon cette approche prétorienne, l'avertissement et le rappel à l'ordre seraient des sanctions entre lesquelles l'employeur pouvait choisir. Certes, il se

---

148) Cass. Soc., 16 décembre 1980, n° de pourvoi : 79-40757, Bull. n° 901.

149) Cet article 1134 du Code civil y a été éclaté, par une ordonnance de février 2016, en trois nouveaux articles 1103, 1104 et 1193. À l'époque où l'arrêt a été rendu, il disposait : « *Les conventions légalement formées tiennent lieu de loi à ceux qui les ont faites. // Elles ne peuvent être révoquées que de leur consentement mutuel, ou pour les causes que la loi autorise. // Elles doivent être exécutées de bonne foi* ».

montrerait sévère en optant pour l'avertissement, plutôt que pour le rappel à l'ordre (150).

Quelques années plus tard, le conseil de prud'hommes de Saint-Etienne avait également vu son jugement subir l'annulation. Dans l'affaire, « *pour ramener la sanction de mise à pied prise au mois de février 1983 par la Société Via France à l'encontre de Moha Barri de trois jours à un jour et demi, le Conseil de prud'hommes a énoncé que l'employeur n'avait pas précisé les injures dont il avait fait l'objet de la part du salarié et qu'il n'avait proposé aucune tâche de remplacement à M. Barri, bien qu'il eût mis son personnel en chômage intempéries* ».

Or, a rappelé la Cour de cassation, « *si le Conseil de prud'hommes peut annuler une sanction irrégulière, en la forme ou injustifiée ou disproportionnée à la faute commise, il ne peut la modifier* » (151).

8. – Le statut des observations et autres avertissements.

Comme « *les observations verbales* » ne fragilisent pas le destin professionnel du salarié, elles se rapprochent de l'avertissement. C'est ainsi que la jurisprudence classe aussi le rappel à l'ordre dans les fameuses sanctions « *de même nature* » que l'avertissement.

Dans ces conditions, au moment de rejeter le pourvoi formulé contre un arrêt de la cour d'appel d'Aix-en-Provence (10 février 2009), la Cour de cassation (14 septembre 2010) avait

150) Mathilde ICARD et Pauline DELENTAIGNE-LEROY, Le rappel à l'ordre, levier managérial, AJFP 2024. 451.

151) Cass. Soc., 23 avril 1986, n° de pourvoi : 84-40453, Bulletin 1986 V N° 161 p. 127.

jugé que : *« la cour d'appel a décidé à bon droit que les lettres de l'employeur qui se bornaient à demander au salarié de modifier son comportement ne constituaient pas une sanction disciplinaire mais un simple rappel à l'ordre »* (152).

C'est donc vainement que l'auteur du pourvoi avait soutenu que *« le simple avertissement, c'est-à-dire l'énoncé d'un ou de plusieurs manquements bien identifiés ainsi qu'une mise en demeure d'en cesser la pratique ou de rectifier la situation, constitue en soi une sanction disciplinaire ».* Cette jurisprudence contredit apparemment la loi considérant comme sanction *« toute mesure, autre que les observations verbales ».* Or, ici, les observations étaient écrites.

De même, le 21 juin 2012, une secrétaire dactylographe avait été passablement agacée de se retrouver devant un local de travail dont l'ouverture lui semblait difficile, sinon impossible. Alors, elle avait décidé *« d'en partir et de revenir deux jours plus tard ».* Cependant, comme de telles absences fantaisistes étaient fréquentes de sa part, l'employeur l'a licenciée. Ce dont elle s'est plaint, ajoutant par ailleurs qu'elle avait reçu des courriers intempestifs susceptibles de faire regarder son employeur comme un harceleur.

Mais elle a été déboutée. Car, peut-on lire dans l'arrêt des conseillers guadeloupéens : *« l'examen des divers courriers adressés à la salariée révèle que ceux-ci sont l'expression du pouvoir normal de direction de l'employeur, celui-ci interrogeant naturellement sa secrétaire sur ses absences répétées et injustifiées pour certaines d'entre elles »* (153).

---

152) Cass. Soc., 14 septembre 2010, n° de pourvoi : 09-66180.
153) Cour d'appel de Basse-Terre, 6 février 2017, Cabinet d'avocat Jocelyn Z, N° de RG : 15/01077.

9. – La sanction morale dans l'administration.

C'est une jurisprudence à comparer avec la suivante, en matière administrative : Dans une affaire, un agent public, s'était rendu, à plusieurs reprises, dans les locaux du service informatique, pendant et en dehors des heures de travail. Il voulait discuter avec un collègue dès lors distrait de ses tâches administratives ; ce qui était de nature à perturber l'activité du service. Le maire lui avait alors envoyé une lettre par laquelle il lui reprochait ce comportement qu'il fallait en conséquence cesser.

Selon la cour administrative d'appel de Nancy, « *le courrier litigieux, fondé sur le reproche fait au requérant de perturber l'activité du service informatique, comporte une appréciation négative sur la manière de servir de M. A... et a été versé au dossier individuel de l'intéressé. Par suite, il s'analyse comme une mesure disciplinaire susceptible d'être déférée à la juridiction administrative par la voie du recours pour excès de pouvoir* » (154).

10. – Les sanctions morales presque disciplinaires.

Dire si une mesure est un avertissement, ou plutôt un rappel à l'ordre, revêt une importance ; au moins du point de vue de la prescription des faits punissables. Car un évènement ayant déjà fait l'objet d'un avertissement ne saurait servir (à nouveau) de base à une sanction. En d'autres termes, et à l'inverse, une sanction patronale est envisageable contre les

---

154) CAA de Nancy, 18 avril 2018, 16NC02021, Cne de La Chapelle Saint-Luc.

faits à l'endroit desquels un (simple) rappel à l'ordre aura été fait. Du moins, lorsque s'y rajoutent d'autres fautes, également non encore sanctionnées. Sinon il y a prescription.

La question peut alors ici se poser de savoir comment tirer le meilleur parti possible de l'affirmation selon laquelle une *« peine d'ordre moral [...] s'exécute du seul fait de son prononcé »* (155). L'auteure citée songe notamment au rappel à l'ordre. Elle précise que celui-ci n'est pas synonyme de l'avertissement ou de la remontrance. Le problème cependant est que « *la décision figure au dossier du contrevenant* » (156).

Tel est d'ailleurs aussi le cas lorsqu'un notaire subit la censure simple. Elle indique par ailleurs que la censure est aussi « *une sanction purement morale* », voire un « *blâme moral* ». Dans cet esprit, le rappel à l'ordre apparaît comme une sanction déjà subie par le fautif.

11. – La variété des sanctions morales.

Les auteurs sont nombreux à invoquer le concept de sanctions morales. Ainsi, messieurs Jean MOULY et Jean SAVATIER professent-ils que certaines sanctions n'ont pas à suivre les formalités de la procédure disciplinaire. Cela, parce qu'elles n'emportent point de conséquence pour la rémunération ou la carrière du salarié. D'après eux, *« il s'agit donc de sanctions morales »* (157).

---

155) Jeanne DE POULPIQUET, Organisation professionnelle du notariat, Répertoire de droit immobilier janvier 2009, n° 546.

156) Idem.

157) Jean MOULY et Jean SAVATIER, Droit disciplinaire, Sanctions disciplinaires, Répertoire de droit du travail, Février 2019, n° 147 ; selon ces auteurs, « *les observations se transforment en avertissement*

Ils songent plus précisément aux observations verbales, et non pas aux avertissements, degré selon eux déjà au-dessus (158). Par ailleurs, des auteurs qui, pourtant, travaillent sur les décisions d'organismes disciplinaires, leur emboîtent le pas ; ils parlent eux aussi de sanctions morales. Certains (qui ont écrit sur les sanctions disciplinaires applicables aux commissaires aux comptes) notent que ces professionnels du chiffre peuvent subir l'avertissement et le blâme, lesquels *« constituent des sanctions morales »* (159).

Pour un autre auteur, les trois catégories de sanctions disciplinaires encourues par les acteurs des marchés financiers sont *« des sanctions morales, professionnelle et pécuniaires »* (160). À cet égard, une annonce de la Commission des sanctions de l'ACPR (7 avril 2014) rappelle son pouvoir disciplinaire à l'égard des organismes d'assurance. On y apprend qu'elle aussi *« peut prononcer trois types de sanction : morale, pécuniaire ou de publicité »* (161).

---

dès lors que l'employeur a souhaité formuler des griefs au salarié » (n° 149).

158) Ils précisent que « *qu'au bas de l'échelle des sanctions disciplinaires se trouvent les sanctions morales, telles que l'avertissement ou le blâme, puis la mise à pied, qui n'a qu'une incidence temporaire* » (n° 146).

159) Didier PORACCHIA et Laure MERLAN, Responsabilité du commissaire aux comptes, Répertoire des sociétés, n° 900 ; Code de commerce, article L822-8.

160) Yann PACLOT, Autorité des marchés financiers, Attributions de l'Autorité des marchés financiers, Répertoire des sociétés, septembre 2014, actualisation juillet 2020, n° 132 ; Hélène AUBRY, Démarchage bancaire ou financier, Répertoire de droit commercial, septembre 2009, actualisation, juillet 2020, n° 175.

161) ACPR, Comm. sanctions, 7 avr. 2014, proc. n° 2013-03 bis, RGDA avril 2014, n° 110q7, p. 194. L'ACPR est une autorité administrative indépendante qui œuvre au sein de la Banque de France, laquelle est

Une seconde autorité administrative indépendante, la CNIL, peut aider à cerner la notion de sanction morale. Il se trouve que depuis sa création, et jusqu'en 2004, elle se contentait de signaler au parquet compétent les infractions pénales éventuellement constatées. Désormais, a eu à préciser son secrétaire général, la CNIL disposera du pouvoir d'infliger des amendes administratives. Cela étant, rassurait-il, *« l'avertissement, sanction morale traditionnellement utilisée par la CNIL, demeure. Son impact est loin d'être négligeable et nous allons certainement continuer à l'utiliser »* (162).

De même, parlant de la gestion conforme des finances publiques, une auteure énonce que l'amende prononcée par la Cour de Discipline Budgétaire et Financière peut *« se doubler d'une sanction morale figurée par la publication au JO de l'arrêt rendu […]. L'exemplarité est ici recherchée »* (163).

Au total, selon la source consultée, la sanction morale sera un rappel à l'ordre, un avertissement, un blâme, voire la publicité d'une condamnation. Cela étant, on sait qu'une personne peut manquer à son devoir (par affront, par négligence ou par oubli). Il semble en conséquence logique de songer à réorienter sa volonté vers le respect de ce devoir. En cas d'échec, voire

---

une personne privée chargée d'un service public. ACPR = Agence de Contrôle Prudentiel et de Résolution.

162) Olivia DUFOUR et Christophe PALLEZ, L'exercice du pouvoir de sanction est une révolution culturelle pour la CNIL, LPA 29 sept. 2004, n° PA200419501, p. 3.

163) Stéphanie DAMAREY, Cour de discipline budgétaire et financière, Répertoire du contentieux administratif, mars 2015, n° 483. Elle précise par ailleurs que depuis 1971, sur les 177 arrêts rendus par la CDBF, 121 ont fait l'objet d'une publication. Que cette juridiction ait rendu moins de 200 arrêts en une cinquantaine d'années démontre, soit sa paresse, soit plutôt le strict respect des règles budgétaires par les ordonnateurs et par les comptables publics, soit encore les deux à la fois.

même dès le départ, il est envisageable d'expliquer à la personne le risque professionnel encouru du fait de son éloignement obstiné de la norme.

Le blâme marque la déception ressentie par la hiérarchie, laquelle aura en définitive vainement rappelé à l'ordre ; ou qui aura avertit sans résultat. Ces trois réactions (rappel, avertissement, blâme) constituent des gradations dont aucune n'est cependant un passage obligé. Oui, aucune n'est le préalable au prononcé de l'autre. En d'autres termes, il peut y avoir blâme sans que jamais un avertissement ou un rappel à l'ordre n'aient préexisté.

12. – La prescription des poursuites disciplinaires.

La prescription est un mécanisme juridique basé sur le temps qui se sera écoulé, et en application duquel l'on peut acquérir un bien ou un droit ou, au contraire, les perdre. S'agissant des poursuites et sanctions encourues, le coupable n'a plus à les craindre après l'écoulement d'une durée considérée par le législateur comme étant trop longue. Sous cette seconde acception (de l'éloignement de la sanction), les non-juristes connaissent quelque peu le mécanisme. Il arrive ainsi qu'une personne avoue un fait blâmable ancien en ces termes : « *je peux maintenant le dire, car il y a prescription* ». En droit du travail, « *aucune sanction antérieure de plus de trois ans à l'engagement des poursuites disciplinaires ne peut être invoquée à l'appui d'une nouvelle sanction* » (164). Mais que décider si aucune sanction n'était intervenue dans l'intervalle ? La possibilité d'une sanction aura également disparu ; ce sera donc également trop tard.

164) Code du travail, article L1332-5.

En effet, selon le Code du travail (art. L1332-4) : « *Aucun fait fautif ne peut donner lieu à lui seul à l'engagement de poursuites disciplinaires au-delà d'un délai de deux mois à compter du jour où l'employeur en a eu connaissance, à moins que ce fait ait donné lieu dans le même délai à l'exercice de poursuites pénales* ».

13. – La sanction morale comme préalable à la sévérité.

La lecture de la jurisprudence autorise à présenter les sanctions morales (contre l'absentéiste) comme un préalable nécessaire à une sanction plus rigoureuse. C'est-à-dire que la rétrogradation et le licenciement, par exemple, ne devraient pouvoir survenir qu'après un rappel à l'ordre, ou après un avertissement, ou après un blâme.

Les personnes contre lesquelles de semblables mesures sont prises les considèrent rarement avec stoïcisme. Elles s'en émeuvent fortement, malgré l'inexistence d'effet négatif immédiat. Certes, un inconvénient plus ou moins sérieux s'ensuivra éventuellement. En tous cas, des procès sont quelquefois initiés en vue de l'annulation d'un rappel à l'ordre, d'un avertissement ou d'une autre sanction morale.

14. – Le risque d'une tolérance initiale de l'absentéisme.

Le professeur Hugo BARBIER enseigne que « *l'employeur est quant à lui tenu de réagir face à certaines situations en raison de la titularité de son pouvoir de direction et de la protection des droits des salariés* » (165). Son inaction est susceptible de lui

---

165) Hugo BARBIER, Le devoir de réaction de l'employeur, Rev. trav. 2025. 102.

être reproché en justice, même lorsqu'enfin il entendrait sévir. La situation se présente parfois en matière d'absentéisme du personnel.

Dans ce cadre, le conseil de prud'hommes d'Oyonnax (18 Avril 2002) avait validé le licenciement d'un absentéiste impénitent. La raison avait été que ses absences, établies par divers témoins et, d'ailleurs reconnus par l'intéressé lui-même, avaient perduré pendant environ trois années. Pour bien se rendre compte de leur fréquence et de leur amplitude, il suffit de savoir que l'absentéiste en question ne daignait faire *« acte de présence qu'une heure par jour environ »* (indiquait le jugement).

Pourtant, l'employeur, qui ne pouvait ignorer cet état de fait, s'était montré *« d'une particulière tolérance, en ne lui adressant aucune mise en demeure ou avertissement »*. Puis, du jour au lendemain, l'employeur (la SARL Horiba France) finit par le sanctionner avec vigueur, au moyen d'un congédiement définitif. Cette réaction a été parfaitement comprise par les premiers juges (166).

Or, nonobstant la violation habituelle et certaine du temps de travail, la cour d'appel de Lyon (4 février 2005) a réformé leur jugement. Car, y compris dans ce contexte, *« il ne pouvait être brutalement mis fin au contrat de travail pour faute grave, sans préavis ni indemnité de rupture, ni même pour motif réel et sérieux, après plus de vingt ans d'ancienneté à ce niveau élevé de collaboration »* (167). Ainsi, le manque de rappel à

---

166) Sur cette question, Cf. Catherine PUIGELIER, Prescription des poursuites disciplinaires et connaissance des faits reprochés par un supérieur hiérarchique, D. 1998. 53.

167) C.A. Lyon, 4 février 2005, N° de RG : 02/04265, SARL HORIBA France.

ISSN 3096-8152

l'ordre, et surtout l'ancienneté dans l'emploi, auront joué en faveur de l'absentéiste.

Sans doute cet arrêt lyonnais n'avait-il finalement pas été attaqué par un pourvoi. En revanche, celui de la cour d'appel de Douai (6 octobre 1983), qui s'était déjà prononcé dans le même sens que le conseil de prud'hommes d'Oyonnax (18 Avril 2002), avait été cassé. En l'espèce, (affaire de Sousa), la Cour de cassation (6 juillet 1987) avait jugé que : *« l'employeur ne pouvait se prévaloir comme d'une faute grave, de la répétition de faits qu'il avait tolérés sans y puiser motif de licenciement »* (168).

Par ailleurs, en septembre 2012, la cour d'appel d'Angers avait rendu un arrêt confirmatif reprochant à l'employeur d'avoir procédé directement au licenciement (169). En effet, lit-on dans l'arrêt angevin : *« la société Claas France ne justifie d'aucun rappel à l'ordre personnalisé adressé à cette dernière ».*

15. – Le procès contre une vulgaire sanction morale.

Même si le rappel à l'ordre est à peine une sanction morale, certains justiciables mécontents vont néanmoins jusqu'à la Cour de cassation pour en obtenir l'invalidation. Dans un cas traité par la chambre des notaires du département de l'Eure, laquelle siégeait en matière disciplinaire, maître Vauchelle avait subi cette peine du rappel à l'ordre.

---

168) Cass. Soc., 6 juillet 1987, n° de pourvoi : 84-44875, M. de Sousa, Bulletin 1987 V N° 487 p. 310.

169) Cour d'appel d'Angers, 11 septembre 2012, n° de RG : 10/02880, société Claas France.

Par délicatesse ou par paresse, ses confrères (réunis comme juges) s'étaient bornés à énoncer que les faits reprochés étaient établis, et qu'ils constituaient un manquement au devoir et à la dignité professionnelle. Mais concrètement, aucune indication, sur la nature et la matérialité de la faute disciplinaire qui lui était imputée, ne figurait dans la décision ordinale (170).

Appelée à se prononcer à l'occasion d'un pourvoi, la Cour de cassation (18 mai 1971) avait censuré la décision. Car l'obligation de motiver les sanctions prononcées exige implicitement de préciser les faits reprochés à la personne condamnée (171). Pour les mêmes motifs, maître Vaccharezza avait déjà réussi à faire annuler le rappel à l'ordre retenu contre lui par la chambre départementale des notaires de la Mayenne (172). Cela étant, des procès en contestation d'avertissements sont aussi intentés par d'autres individus que de tels professionnels du droit.

Ainsi, la Cour de cassation (24 juin 2009) avait annulé un arrêt de la cour d'appel de Paris (8 novembre 2007). Celle-ci avait débouté une salariée de la société Armatis de plusieurs de ses demandes. Par exemple, l'une recherchait l'annulation de l'avertissement prononcé à son encontre ; et une autre visait

---

170) Alors que la plupart des procès ont lieu portes ouvertes, le huis clos semble être la règle en matière disciplinaire. Sans doute est-ce pour préserver les chances pour l'intéressé de continuer à espérer un avenir professionnel. Dans ces conditions, on peut comprendre que (par charité) la juridiction ordinale ne procède pas à une description détaillée des agissements du confrère. Il faut croire que le notaire considérait qu'il n'avait rien à cacher aux éventuels lecteurs de la sentence le concernant.

171) Cass. Civ. 1, 18 mai 1971, n° de pourvoi : 70-11284.

172) Cass. Civ. 1, 14 avril 1964, n° 190.

l'obtention de dommages intérêts en réparation du préjudice subi du fait de l'illicéité de cet avertissement.

L'arrêt confirmatif parisien avait trouvé légitime les « *remarques à propos de son absentéisme* » ; car « *la répétition de ce comportement à fréquence rapprochée était particulièrement pénalisante pour l'employeur dans une activité de service en contact téléphonique constant avec la clientèle* ». En conséquence de quoi « *la salariée ne pouvait raisonnablement soutenir que l'avertissement contesté constituait une mesure discriminante sanctionnant son état de santé* ».

C'est néanmoins ce que la Cour de cassation a reproché à la cour d'appel. Car « *il ressortait de ses [propres] constatations que l'avertissement prononcé reprochait à la salariée des absences pour raison de santé, médicalement justifiées* » (173).

L'annulation peut ainsi être obtenue sur la base de l'illégalité interne de la décision (ici la stigmatisation apparente d'un malade). Elle peut en outre être obtenue sur la base d'une illégalité externe (c'est-à-dire décelable même par un non-juriste averti). C'est le cas si la bonne procédure pour sanctionner n'a pas été suivie ; ou bien si, pire, une personne incompétente s'est arrogé le droit d'en prononcer (174).

16. – Les règles de mise en œuvre de la sanction morale.

Qui donc peut faire un rappel à l'ordre ou, plus généralement, infliger une sanction morale à un travailleur ? La réponse

173) Cass. Soc., 24 juin 2009, société Armatis, N° de pourvoi : 08-40056. Dans le même sens, et le même jour, 08-40055.

174) CONSEIL D'ÉTAT, 24 juillet 2019, Procédure préalable à un avertissement infligé à un magistrat, Lebon 2019.

paraît évidente : c'est l'autorité qui aura donné initialement l'ordre qu'il faut ainsi rappeler. Un ordre donné peut-être depuis longtemps, par écrit, ou par oral. Dans une entreprise, c'est (grosso modo) le chef d'entreprise ; c'est lui qui détermine les objectifs de chacun et la conduite à tenir en matière de discipline.

En fait, les organisations (publiques ou privées) ont une structuration pyramidale ; entre le sommet de la hiérarchie et la base des personnels, s'échelonnent diverses strates intermédiaires (175). Les ordres se transmettent par cette voie descendante : du haut vers le bas. L'armée utilise ici l'expression de chaîne de commandement.

Dans les organismes civils, l'on parle simplement de pouvoir hiérarchique. Au fond, cette expression est susceptible de deux sens. D'une part, le pouvoir hiérarchique est le droit de commander à autrui des tâches à accomplir ; d'autre part, ce pouvoir s'assimile à la personne titulaire d'une telle faculté de commandement. En vérité, il ne s'agit pas d'une simple faculté (de commander) ; car il pèse sur son titulaire l'obligation de donner des directives, tout en veillant à ce que celles-ci soient claires et raisonnables.

En refusant d'exercer sa compétence, l'intéressé commettrait une faute personnelle (176). Dans le même temps il entraînerait d'ailleurs son institution dans une responsabilité juridique (177). Au sein d'une société, c'est le chef d'entreprise qui

---

175) Raphaël RENEAU, Des transformations managériales de l'exercice du pouvoir hiérarchique, AJFP 2025. 301.

176) Olivier DIDRICHE, Le bon et le mauvais manager... et les conséquences juridiques de l'exercice « anormal » du pouvoir hiérarchique, AJCT 2025. 163.

177) On sait que le refus, par le juge, d'exercer sa compétence s'appelle le déni de justice, prévu par l'article 4 du Code civil. Cf. Hélène GAUDEMET-

détient ce pouvoir hiérarchique fondamental (178). Mais comme il ne peut être partout à la fois, il en délègue des parcelles aux membres de l'encadrement (d'équipes).

17. – La délégation du pouvoir disciplinaire à des cadres.

Dans les entreprises, la faculté de procéder à des rappels à l'ordre est susceptible d'être conférée à des salariés. De tels délégués de l'employeur appartiendront forcément au groupe dont les éventuels litiges relèvent de la section de l'encadrement des conseils de prud'hommes. Comme dit le Code du travail, ils *« exercent un commandement par délégation de l'employeur »* (179).

TALLON, Les régimes relatifs au refus d'exercer la compétence juridictionnelle en matière civile et commerciale : forum non conveniens, lis pendens, Revue internationale de droit comparé Année 1994 46-2 pp. 423-435 ; Jean KERNINON, L'obligation pour l'autorité administrative de prendre réellement ses décisions, La Revue administrative, 34e Année, No. 203 (sept-oct. 1981), pp. 479-488 (10 pages), Published By : Presses Universitaires de France, DOI : 10.2307/40773268, https://www.jstor.org/stable/40773268.

178) S'il s'agit d'une société commerciale, celle-ci aura été créée par des fondateurs porteurs d'actions ou de parts. Ces propriétaires des titres représentatifs de la valeur de la société doivent laisser faire les organes de gestion qu'ils auront mis en place : conseil d'administration, gérant, etc. Prendre des décisions par-dessus l'épaule des administrateurs, directeurs et gérants, serait constitutif d'une gestion de fait. De même, ils n'ont pas le droit de venir se servir dans l'entreprise, au motif qu'elle serait leur création (leur créature). Sinon, ils risqueraient de commettre le délit d'abus sociaux.

179) Code du travail, article L1423-162. Même s'ils n'ont pas forcément de salariés en dessous d'eux, les ingénieurs et les VRP sont jugés par cette section de l'encadrement. Quant aux agents de maîtrise, cette

Dans l'affaire société Lisieux distribution, une salariée avait reçu plusieurs avertissements par lettres recommandées. Mais d'après elle, ces mesure étaient nulles, pour avoir « *été prises par des personnes qui n'avaient pas qualité à cet effet* ». La cour d'appel de Caen (9 juillet 1985) l'a déboutée, car « *les auteurs des avertissements avaient "reçu délégation à cette fin", aux dires de la société* ».

Pourtant, la Cour de cassation (19 juillet 1988) a censuré l'arrêt caennais. Car, pour lui donner une base légale, cette cour d'appel aurait dû « *rechercher, en l'absence de mention sur ce point du règlement intérieur, si les sanctions critiquées [...] avaient toutes été prises par des personnes ayant qualité pour le faire, au nom de l'employeur, eu égard à leur compétence, à leur autorité et aux moyens dont elles disposaient* » (180). Encore que le règlement intérieur puisse sembler imprécis, même lorsqu'il est rédigé par de fins légistes.

17. – La convocation de l'absentéiste à un entretien.

C'est le moment de préciser que sauf si la sanction envisagée est un avertissement ou une sanction de même nature, quant à l'incidence (négligeable), l'employeur doit entendre le salarié sur les faits. Le cas échéant, « *la sanction [...] est motivée et notifiée à l'intéressé* » (181).

D'un autre côté, tout supérieur hiérarchique devrait pouvoir procéder à un rappel à l'ordre, lequel n'est pas aussi grave

---

compétence juridictionnelle est subordonnée à la détention d'une « *délégation écrite de commandement* ».

180) Cass. Soc., 19 juillet 1988, N° de pourvoi : 85-45111, Bulletin 1988 V N° 464 p. 297.

181) Code du travail, article L1332-2.

qu'un licenciement, par exemple (182). Ce rappel étant relatif à la nécessaire exécution correcte des tâches et missions à accomplir, ou relatif à l'attitude digne et responsable à arborer dans une structure sérieuse.

De ce point de vue, les professeurs (et tous les adultes plus généralement) devraient pouvoir rappeler les élèves à l'ordre. Sans doute ces adultes redouteront-ils d'être accusés de faire de la morale. Vu qu'il apparaît infâmant (à beaucoup) de se laisser guider par des préceptes moraux. Le risque est en l'occurrence de passer pour un conservateur (voire pour un réactionnaire).

À notre avis, l'autorité décline dans la famille et dans la société à cause du refus par chacun de l'exercer à son niveau. Certes, une démocratie participative est préférable à un régime autoritaire. Mais contre notre position, il y a le fait que la morale a toujours été variable d'un individu à l'autre ; même à

---

182) On lit cependant dans un arrêt de rejet que : « *après avoir constaté qu'aux termes des statuts de l'AREPA, le président recrute, nomme, licencie et assure la gestion et le pouvoir disciplinaire du personnel salarié de l'association et peut déléguer ses pouvoirs à un administrateur ou à un directeur général avec l'accord du conseil d'administration et que la délégation de pouvoir consentie par le président de l'association le 16 décembre 2003, approuvée par son conseil d'administration, mentionnait exclusivement la possibilité de recruter et de signer les contrats de travail concernant les cadres et employés du siège comme des résidences, la cour d'appel [de Poitiers, 21 octobre 2008] qui a décidé que le licenciement de M. X... par une personne dépourvue de qualité à agir était sans cause réelle et sérieuse n'encourt pas les griefs du moyen* » (Cass. Soc., 2 mars 2011, n° de pourvoi : 08-45422, Bulletin 2011, V, n° 58).

l'époque où un socle commun était chaque jour écrit au tableau noir ; pour une morale républicaine commune (183).

B. – Le refus de simples sanctions morales par des absentéistes

18. – La liberté d'expression même au travail.

Le Code du travail (art. L1121-1) rappelle aux salariés leur droit à la parole tant à l'intérieur qu'à l'extérieur de l'entreprise. Et la jurisprudence correspondante semble de nature à susciter des vocations de pourfendeurs des décisions patronales. En vertu de ce texte, la Cour de cassation (23 septembre 2015) aura censuré un arrêt de la cour d'appel de Paris (16 janvier 2014).

Car, les juges du fond avaient oublié dans quelle mesure seulement ils peuvent sanctionner ou débouter un salarié tonitruant. La règle est précisément qu'ils doivent au préalable *« caractériser l'existence, par l'emploi de termes injurieux, diffamatoires ou excessifs, d'un abus dans l'exercice de la liberté d'expression dont jouit tout salarié »* (184).

---

183) À notre époque d'ensauvagement prétendu, il se révèle une crainte plus grande encore d'être accusé, soit d'une usurpation de rôle, soit d'une démission face à son devoir. Cette crainte provient de la réaction violente de la ''*chère tête blonde*'' à l'éventuel reproche. Surtout que ses frères aînés et leurs parents ne sont pas forcément plus raisonnables. À cet égard, l'on relève régulièrement des réactions inappropriées et/ou disproportionnées en cas de simples observations verbales.

184) Cass. Soc., 23 septembre 2015, n° de pourvoi : 14-14021, association Centre interservices de santé et de médecine du travail en entreprise (CISME), Bulletin 2016, n° 836, Soc., n° 206.

ISSN 3096-8152

Certes, il existe souvent une réelle marge. Par exemple, la Cour de cassation (27 mars 2013) n'avait rien vu de particulièrement blâmable dans une lettre adressée par un salarié aux dirigeants de la société mère (185). Pourtant, il y avait une dénonciation de *« décisions incohérentes et contradictoires qui compromettent la pérennité de l'entreprise »* ; ainsi que : *« désordre interne, détournement, abus d'autorité, conséquences financières et sociales désastreuses »*.

Pour sa part, la cour d'appel de Montpellier (20 avril 2011) y avait vu une violence inadaptée à la vie en communauté. L'arrêt de la Cour de cassation cite les reproches faits à la lettre litigeuse par des travailleurs dont l'employeur, « *la société Dyneff était en pleine réorganisation* ».

En l'espèce, la missive déplorée dépassait « *les standards habituels de communication au sein de l'entreprise* ». Car ses auteurs y décrivaient de façon tendancieuse un fonctionnement à la limite de légalité. Par ailleurs, le courrier aura fait une présentation catastrophiste de l'avenir, tant pour l'entreprise elle-même que pour les salariés bientôt dans la précarité économique.

Les juges du fond y ont également vu « *l'intention de ses auteurs de mettre en cause et de déstabiliser son président* ». Cette démarche était d'autant plus fautive (ont dit les juges) qu'elle était « *le fait de cadres supérieurs disposant d'une large autonomie et d'une autorité non négligeable dans l'entreprise* ». Surtout qu'ils s'adressaient *« directement et collectivement aux nouveaux actionnaires du groupe »*.

185) Cass. Soc., 27 mars 2013, n° de pourvoi : 11-19734, Bulletin 2013, V, n° 95.

19. – Le devoir de subordination ou d'obéissance au travail.

Nul ne devrait se croire autoriser à se livrer au malin plaisir d'humilier autrui ou de le fâcher. Mais sans doute est-il malaisé pour certains de tenir scrupuleusement compte de ce principe juridique. Par conséquent, leur entourage n'en jouit pas toujours paisiblement.

De plus, les organisations sont structurées de façon hiérarchique ; c'est-à-dire qu'elles renferment des individus appelés à diriger. Cela implique pour eux d'ordonner diverses choses à des certes personnes payées pour obéir et exécuter (186).

Les exécutants doivent même plutôt savoir faire profil bas en permanence. À cet égard, ils éviteront en particulier de tabler sur le sens de l'humour de leurs chefs, des clients ou des usagers (187). En clair, c'est toujours avec prudence qu'ils se hasarderont à émettre (spontanément ou en réponse) des réflexions critiques.

Pourtant, leurs propos pourraient contribuer à améliorer la gestion de la structure, ainsi que leurs conditions de travail (188). Une pareille autolimitation de leur liberté d'expression évite probablement que se dégrade davantage leur situation

---

186) Yves ABRAM, Le conflit de devoirs : le fonctionnaire territorial entre les obligations d'obéissance et de résistance, AJFP 1996. 39 ; Françoise FAVENNEC-HÉRY, Les relations professionnelles entre époux ou le travail sans la subordination, Droit social 2002. 403.

187) Patrice ADAM, Le bouffon du (d)Roi(t), Droit social 2022. 512 ; Frédéric GRAS, Licenciement de l'animateur Tex : le droit à l'humour, Kelsen et la morale dominante, Légipresse 2022. 363.

188) Morgane TIREL, Salariés et gouvernance durable : des résolutions climatiques aux « résolutions sociales » ? Droit social 2024. 950 ; Valentino ARMILLEI, La consultation du comité social et économique sur les orientations stratégiques : un régime à parfaire ? Droit social 2021. 47.

professionnelle. Mais vivre dans la lâcheté ne convient guère à tous.

20. – L'irruption de l'absentéiste chez le directeur.

Dans une affaire, pour s'être absentée sans autorisation pendant une matinée, DAME LEDUC avait fait l'objet d'un avertissement (le 3 janvier 1977). Quoique se sachant en faute, lorsqu'elle a reçu la lettre corrélative, *« elle avait brusquement fait irruption dans le bureau du directeur, et avait tenu à son égard des propos injurieux en déchirant la lettre d'avertissement »*.

Du coup, s'en était suivi son licenciement pour faute grave. Naturellement, elle tentât de faire invalider cette sanction disciplinaire. Mais la cour d'appel de Riom (2 janvier 1978) jugea que *« dame Leduc avait commis une faute grave de nature à justifier son renvoi sans indemnité »*.

Notre intrépide procédurière s'est alors adressée à la juridiction supérieure. Mais son pourvoi aura été rejeté ; parce que les conseillers riomois avaient légalement justifié leur décision, à croire la Cour de cassation (6 février 1980) (189).

Au sein de la RÉGIE RENAULT, la cour d'appel de Douai (6 octobre 1983) aura vu des symptômes de la faute grave dans des *« menaces de coups envers la hiérarchie »*. Des menaces proférées par un salarié (DE SOUSA) mécontent que l'on parlât de ses absences. Il en avait subi un avertissement le 13 juillet

---

189) Cass. Soc., 6 février 1980, dame Leduc, N° de pourvoi : 78-41497, Bulletin, n° 111.

1979. Le fondement de cette sanction morale aura été des absences au travail les 22, 28 et 29 juin 1979 (190).

21. – Le mutisme méprisant du salarié sur ses absences.

Mais dans un contexte proche, et une semaine avant la fin de sa période de préavis (de deux mois), un pilote professionnel (M. ACROUTE) avait finalement été licencié par la SOCIÉTÉ CRÉATIONS ARTISTIQUES (le 19 novembre 1962). Il faut noter que c'est seulement le 11 septembre 1962 qu'il avait été recruté, mais qu'il avait déjà notifié sa démission à compter du 25 septembre de la même année.

En définitive, la constatation d'un certain nombre de ses manquements précipita son départ (licenciement). En bref, il s'agissait de cinq absences sans excuse valable, ainsi que de trois retards au travail.

Selon la cour d'appel de Rennes (17 juin 1964), l'intéressé avait lancé à son employeur *« qu'il n'avait ni excuses, ni explication à fournir »* (191). Au demeurant, il avait trouvé ailleurs *« des emplois infiniment mieux rémunérés »*. Si bien qu'il s'était écrié lors de son renvoi *« qu'on lui rendait un service et qu'il avait tout fait depuis le 26 septembre pour retrouver sa liberté »*.

---

190) Il a sans doute définitivement mis à bout sa hiérarchie (de la Régie nationale des usines Renault, usines de Douai) en rajoutant quatre journées d'absence (1er et 22 février, 9 et 13 octobre 1980). Toutefois, le salarié (de Sousa) a réussi à faire annuler cet arrêt douaisien.

191) À rapprocher : Thomas BIGOT, Droit de se taire en matière disciplinaire : le Conseil d'État clarifie le champ d'application, D.A. 7 janvier 2025.

Curieusement, le salarié effronté avait quand même entendu bénéficier de diverses sommes, en forme de ''*parachute social*''. Mais, elles lui ont été refusées. La Cour de cassation a rejeté son pourvoi en disant que, *« quoique la société ne se soit pas prévalu de la faculté de rompre le contrat sans préavis après trois blâme, les juges du fond ont justement décidé que l'ensemble de ces faits constituait à la charge d'Acroute une faute grave rendant impossible la continuation des relations contractuelles et que Acroute ne pouvait prétendre qu'aux salaires de la période durant laquelle il avait travaillé jusque-là »* (192).

Dans une autre affaire, un salarié voulait ''*claquer la porte*'' ; mais, en la laissant quelque peu entrouverte. En effet, tout en claironnant que l'entreprise qui l'employait était minable, il n'y sollicitait pas moins la prolongation du préavis ; en vue d'une jonction financière optimale avec sa nouvelle vie professionnelle.

Toutefois, la cour d'appel de Nancy (9 juillet 1975) l'a débouté, donnant donc raison à l'employeur humilié. Et le pourvoi corrélatif a été rejeté par la Cour de cassation (8 juin 1977). Cela, *« en raison des termes désobligeants et volontairement critiques employés par CARLIEZ dans sa lettre de démission, et de l'état d'esprit qu'il manifestait »*.

192) Cass. Soc., 13 janvier 1966, N 56, https://www.legifrance.gouv.fr/affichJuriJudi.do?idTexte=JURITEXT000006972281&fastReqId=2098253206&fastPos=4&oldAction=rechExpJuriJudi.

22. – Le respect et la discrétion devant les clients.

Dans un autre contentieux, un salarié (M. Boudeau) bien mal situé dans la hiérarchie de son entreprise (un chauffeur-livreur) avait vécu un sort plutôt défavorable pour des mots énoncés à tort et à travers. Trouvant que l'entreprise destinataire des produits à livrer le faisait attendre trop longtemps, il décida de les décharger dans un coin, tout en maugréant son mécontentement sur la difficulté qu'il aurait ensuite à tenir son programme de livraison.

Alors la cour d'appel de Poitiers (7 janvier 1976) admit que son employeur ait décidé de le licencier. Curieusement, l'intéressé s'en sera étonné, introduisant par conséquent un pourvoi en cassation. Selon lui, la rupture de la relation de travail manquait de cause réelle et sérieuse.

Néanmoins, la Cour de cassation (18 mai 1977) aura ratifié la jurisprudence poitevine. Car la société cliente s'était plaint de l'incident, et avait souhaité qu'à l'avenir un autre chauffeur se chargeât des livraisons attendues. Voici le propos même de la Haute Cour : « *la faute commise [...] constituait, en raison de son incidence sur le fonctionnement de l'entreprise et ses relations avec la clientèle une cause réelle et sérieuse de licenciement* » (193).

D'abord, parce que les circonstances dans lesquelles ses injures avaient pu être prononcées, ainsi que la nature du langage habituellement employé sur les chantiers, leur enlevaient beaucoup de leur éventuel effet blessant. Ensuite, parce qu'il s'était obligé à aller présenter des excuses à son interlocuteur de l'entreprise cliente.

---

193) Cass. Soc., 18 mai 1977, M. Boudeau, n° de pourvoi : 76-40313, Bull., n° 329, p. 261.

ISSN 3096-8152

23. – Le choix des seules sanctions du règlement intérieur.

Pour sa part, le 20 avril 1988, la SOCIÉTÉ MARNIER LAPOSTOLLE aura licencié un employé de chai qu'elle avait à son service depuis presque une dizaine d'années. Ce travailleur du vin s'était absenté sans autorisation et, à son retour, n'avait pas admis le moindre reproche. La cour d'appel de Bordeaux (17 décembre 1991) a validé son licenciement.

Certainement à tort, d'après la Cour de cassation (13 octobre 1993). Car *« le règlement intérieur de l'entreprise prévoyait que les absences injustifiées ne donneraient lieu, pour la première fois, qu'à un avertissement sans sanction et que le "renvoi avec préavis" ne pourrait être décidé qu'au quatrième avertissement »* (194).

En l'espèce, l'employeur s'était lui-même lié les mains en proclamant de la sorte que, malgré trois absences injustifiées, un salarié demeurerait quand même dans l'entreprise (195). Cela étant, dans le cas de l'employé concerné, l'employeur ne sanctionnait pas seulement une absence, mais également une insolence. Néanmoins, comme une première absence était censée être indifférente, l'employeur n'avait pu valablement sanctionner que l'insolence, laquelle ne méritait apparemment pas du tout le renvoi définitif.

---

194) Cass. Soc., 13 octobre 1993, société Marnier Lapostolle, n° de pourvoi : 92-40474, Bulletin 1993 V N° 231 p. 158.

195) Delphine CASTEL, Transfert d'entreprise, Le règlement intérieur ne suit pas les contrats de travail, JA 2018, n°589, p.10.

II. – Les échanges illicites avec l'absentéiste potentiel

24. – L'assiduité et les erreurs ou les fautes de gestion RH.

L'employeur n'attend pas toujours d'avoir souffert de conséquences négatives de l'absentéisme de son personnel pour mener des actions à leur égard. Les résultats obtenus peuvent parfois apparaître dignes des efforts entrepris. Mais il arrive aussi que les mesures adoptées génèrent des procès. La raison étant que certaines des précautions alors prises confinent à une faute pénale, en particulier le harcèlement moral (A.). D'autres sont revanche des erreurs de gestion de ses ressources humaines, sinon des fautes de gestion RH (B.).

A. – Les précautions proches du harcèlement moral

25. – L'idée du profil d'assiduité du candidat au poste.

La hantise des méfaits de l'absentéisme pousse l'employeur à se montrer suspicieux et précautionneux (196). Leur profil personnel, familial ou social permet de déceler un risque plus ou moins fort d'absentéisme.

L'arsenal de lutte auquel l'employeur fera alors préventivement appel comprendra par exemple des enquêtes sur la façon de servir des candidats à un recrutement (197). Mais pour être licites, les démarches envisagées doivent associer le candidat à l'emploi.

---

196) Clotaire MOULOUNGUI, L'absentéisme et ses inconvénients prétendus, Th. Nantes, 2023.

197) Clotaire MOULOUNGUI, Le sous-effectif dû au personnel, préf. Jean-Yves KERBOURC'H, Didactijuris, 2025.

La discussion avec son ancien employeur semblera d'autant plus utile que le certificat de travail reçu de lui, par l'intermédiaire du salarié, sera (conformément à la loi) silencieux sur l'assiduité (l'inassiduité) de l'intéressé (198). Par ailleurs, se situeront aux limites de la légalité les questions sur la procréation d'enfants et sur leur difficulté de garde. Sachant que le parent risquera parfois de s'absenter pour s'occuper lui-même de sa progéniture (199).

Même une fois le nouveau salarié soigneusement sélectionné, l'employeur ne sera pas tout à fait tranquille et rassuré. Aussi sera-t-il parfois prolixe en conseils et remarques à l'égard de son personnel, dont le sérieux et l'assiduité, contribuent aux succès de la structure. Le problème est que l'exercice de l'autorité est trop souvent accusée d'autoritarisme (200).

26. – Le lien de la quête d'assiduité avec le harcèlement.

Le personnel conteste les reproches et ne s'attend qu'à des félicitations de la part de ses chefs. Autrement dit, les avertissements, les observations, les rappels à l'ordre et les

---

198) Tribunal administratif de Rennes, 23 juillet 1997, Certificat de travail : un nouveau principe général du droit de la fonction publique, AJFP 1998. 49.

199) Françoise MONÉGER, Les places de crèche réservées aux fonctionnaires femmes et le principe de l'égalité de traitement, RDSS 2003. 132.

200) Or, dans une affaire, la femme du patron, « *n'avait semble-t-il aucun titre pour exercer son autorité, sinon son autoritarisme, sur la salariée de celui-ci* » (Bernard GAURIAU, L'employeur doit répondre des agissements des personnes qui exercent, de fait ou de droit, une autorité sur les salariés, Droit social 2001. 921).

autres remontrances apparaissent comme des manifestations d'un affreux harcèlement moral (201).

Dans une affaire tranchée par la cour d'appel d'Aix-en-Provence (25 juin 2007) un responsable de magasin aura attendu de cette juridiction qu'elle analysât comme des sanctions disciplinaires des lettres reçues de l'employeur. Espoir vain ; et son pourvoi aura été rejeté.

Car, selon la Cour de cassation (3 février 2010), *« la cour d'appel a décidé à bon droit que les lettres de l'employeur qui se bornaient à demander au salarié de faire un effort pour se ressaisir ne constituaient pas une sanction disciplinaire, mais un simple rappel à l'ordre »* (202).

En revanche, dans cette même espèce, les propres exhortations du chef de magasin (SANDRO X), seront apparues critiquables. À croire les témoignages, *« le personnel s'est plaint plusieurs fois de l'attitude particulièrement insistante de Monsieur Sandro X... ; il l'avait perpétuellement sur le dos pour faire et refaire des tâches mal accomplies ».*

Il était aussi prétendu que : *« il passait son temps à courir sur le dépôt en disant qu'il en avait marre de travailler avec des incompétents ».* Un autre témoignage soulignait le fait qu'il *« s'adressait à toute l'équipe de façon autoritaire, sans politesse ; à plusieurs reprises, il a menacé de rétrogradations, de mutations ».*

---

201) Edwige ANTIER, La justice à la croisée des savoirs, Réflexion sur les châtiments corporels infligés aux enfants et leur interdiction par le droit, Les cahiers de la justice 2011. 107 ; David ALIS, Marc DUMAS et Gwénaëlle POILPOT-ROCABOY, *Risques et souffrance au travail,* Coll. Économie du travail, Dunod (2010).

202) Cass. Soc., 3 février 2010, n° de pourvoi : 07-44491.

27. – La perplexité quant aux reproches admissibles.

Que peut-on dire à l'équipe que l'on doit encadrer ? Quels propos les personnels sont-ils prêts à entendre de leur hiérarchie désireuse de performance interne ? De fait, le sens à prêter à un discours sera parfois bien différent respectivement pour son émetteur et pour le destinataire.

La cour d'appel de Paris (10 mai 2007) aura par exemple eu à choisir entre deux attestations apparemment toutes deux crédibles. Celle en faveur du salarié soutenait que le chef hiérarchique *« était constamment sur le dos de M. X... et le harcelait continuellement pour des raisons injustifiées [...], contrôle permanent des heures d'arrêt et de reprise de travail, ne nous laissant même pas le temps pour se laver les mains ou aller aux toilettes [...] »*.

La deuxième attestation, au profit du chef cette fois, révélait au contraire que le salarié *« supportait mal les remarques de M. Y... qui semblaient justifiées et ne constituaient pas un harcèlement »*. Une troisième attestation, rédigée par le propriétaire de l'immeuble où travaillait l'équipe indiquait n'avoir rien vu qui s'apparentât à du harcèlement.

Mais deux certificats médicaux auront joué contre le chef de magasin. D'une part, le médecin traitant du salarié lui avait diagnostiqué un état dépressif ; d'autre part, le médecin du travail avait conclu à une inaptitude du salarié (203). Certes, aucun des deux médecins n'imputait l'état dépressif et l'inaptitude au harcèlement.

---

203) Ahmed SLIMANI, Le stress du fonctionnaire devant le juge : une imputabilité aléatoire, entre accident de service et maladie professionnelle, AJFP 2013. 343.

Il n'empêche que la Cour de cassation (30 avril 2009) aura en l'occurrence vu des indices pour la qualification de présomption (simple) de harcèlement (204). C'était dès lors à l'employeur de prouver qu'il n'y aura pas eu de harcèlement. Le Code du travail (article L1154-1) recommandait la solution (205).

28. – Le harcèlement comme cause et effet des absences.

Tout employeur doit se demander si l'absentéisme de son salarié ne serait pas imputable à la structure de travail. La cour d'appel de Versailles (23 mai 2012) aura à cet égard condamné un employeur resté aveugle à divers facteurs psychosociaux (206).

D'une part, l'absentéisme même de la salariée était révélateur ; *« même si l'employeur pouvait ignorer les motifs des arrêts maladie pour état anxio-dépressif »*. D'autre part, l'exaspération de cette salariée. En effet, outre une demande de licenciement, elle avait sollicité un entretien avec le directeur. Mais en dépit de ces signaux d'alerte, aucune mesure utile n'aura été prise (207).

---

204) Cass. Soc., 30 avril 2009, n° de pourvoi : 07-43219, société MB Peinture ; cette décision rappelle ainsi que « *le salarié n'est tenu que d'apporter des éléments qui permettent de présumer l'existence d'un harcèlement moral* ».

205) Wolfgang FRAISSE, L'application du régime de la présomption légale en matière de harcèlement moral, D.A. 6 février 2014.

206) Cour d'appel de Versailles, 23 mai 2012, n° de RG : 10/05277.

207) Mathieu TOUZEIL-DIVINA, L'obligation procédurale d'enquête en cas de dénonciation d'un harcèlement moral, AJFP 2025. 23 ; Johanne SAISON, Rien ne sert d'enquêter avec partialité... AJFP 2025. 289.

Par conséquent, les conseillers versaillais ont jugé que la *« souffrance au travail de Mme X... sur le site de Châtillon »* révélait un harcèlement moral, au sens de l'article L4121-2, 7o du Code du travail.

29. – L'analyse des réflexions du maire en harcèlement.

Une jurisprudence similaire existe à l'encontre du service public. Dans l'affaire, une employée de mairie aura réussi à faire condamner le maire pour harcèlement moral. En plus d'une amende (1000 euros) il aura dû payer des dommages-intérêts à la victime.

Elle avait manifestement souffert *« de réflexions répétitives et désobligeantes [...], de reproches injustifiés sur son travail [...] »* (208). Par la suite, la cour d'appel de Riom (4 novembre 2004) aura été approuvée par la Cour de cassation (21 juin

---

208) En vérité onze autres reproches étaient faits au prévenu. Il avait ainsi était question : du refus d'harmoniser le traitement de Marie Y... sur la loi des 35 heures ; de son exclusion temporaire pour trois jours ; de la réduction du temps de travail de 7 heures à 3 heures hebdomadaires ; du changement unilatéral des horaires de travail de Marie Y... ; du refus de la laisser accéder sur son lieu de travail en changeant les serrures de la porte d'entrée de la mairie ; de la décision de l'isoler dans une salle de mairie afin de contrôler étroitement l'accès aux documents ; du changement du mot de passe de son ordinateur ; de l'obligation devant laquelle elle fut mise de présenter des excuses au maire et à son adjoint ; du non paiement de ses salaires depuis le mois de juillet 2002 ; de sa mise en demeure en décembre 2002 pour abandon de poste et sa radiation des cadres. Ce nombre important d'agissements et leur objectif malveillant exposait forcément leur auteur aux dispositions de l'article 222-33-2 du Code pénal.

2005). Effectivement, le pourvoi du maire aura été rejeté (209).

Il est aussi arrivé que les juges condamnent un employeur pour les mauvais traitements subis par une salariée. En effet, *« elle avait subi à plusieurs reprises des violences verbales de la part de sa supérieure hiérarchique »* (210).

30. – Le droit d'envoi de courriers neutres au travailleur.

D'un autre côté, le 21 juin 2012, une secrétaire de bureau s'était retrouvée devant un local professionnel qu'elle ne parvenait pas ouvrir afin d'accomplir son travail. En rétorsion, elle a décidé *« d'en partir et de revenir deux jours plus tard »*. Or si son absence actuelle pouvait peut-être se comprendre, elle en avait déjà bien d'autres à son débit. Aussi sont licenciement aura-t-il été prononcé.

Outre ce licenciement lui-même, elle reprocha à l'employeur des courriers intempestifs de sa part, lesquels établirait un harcèlement. Mais elle aura été déboutée. Car, pour les conseillers guadeloupéens, *« l'examen des divers courriers adressés à la salariée [révélait] que ceux-ci sont l'expression du pouvoir normal de direction de l'employeur, celui-ci interrogeant naturellement sa secrétaire sur ses absences répétées et injustifiées pour certaines d'entre elles »* (211).

---

209) Cass. Crim., 21 juin 2005, maire de Laval-sur-Doulon, n° de pourvoi : 04-86936, Bull. n° 187, p. 661.

210) Cass. Soc., 28 octobre 2014, N° de pourvoi : 13-11855 ; rejet du pourvoi contre l'arrêt de la cour d'appel d'Aix-en-Provence (7 décembre 2012).

211) Cour d'appel de Basse-Terre, 6 février 2017, Cabinet d'avocat Jocelyn Z, N° de RG : 15/01077.

De même, devant la cour d'appel de Bordeaux (31 mai 2018), une salariée avait vainement présenté un échange épistolaire comme du harcèlement. Alors qu'elle indiquait que « *ce n'est pas en étant en permanence sur le dos de ses collaborateurs que l'on fait avancer les choses* », il lui était répondu qu'il s'agissait que du « *rythme nécessaire au fonctionnement de l'entreprise* ».

La Cour de cassation (1 juillet 2020) lui a donné tort cette fois, dans cette même affaire (212). Il faut savoir qu'en l'occurrence, la cour d'appel de Bordeaux aura été juridiction de renvoi après cassation (213).

31. – La sensibilisation choquante à l'assiduité.

Compte tenu de l'inassiduité patente du salarié, il est prévisible que la hiérarchie s'émeuve. Elle voudra probablement en discuter plus ou moins gentiment. L'absentéiste trop sensible en fera parfois un casus belli et saisira les cours et tribunaux.

C'est dans un pareil contexte que la cour d'appel de Nancy (30 mai 2011) aura été confortée par la Cour de cassation (12 février 2013), dans sa décision d'enjoindre à un employeur « *de mettre fin au dispositif de sensibilisation à l'absentéisme destiné aux salariés revenant d'un arrêt pour maladie* » (214). L'employeur (la SOCIÉTÉ SOVAB) avait par ailleurs dû verser des dommages-intérêts au syndicat CGT de l'entreprise.

---

212) Cass. Soc., 1 juillet 2020, n° de pourvoi : 18-20482.
213) Cass. Soc., 3 février 2017, pourvoi n° 15-16.340.
214) Cass. soc., 12 févr. 2013, n° 11-27. 689, FS-P+B, Syndicat CGT Sovab c/ SNC société Sovab.

Concrètement, le dispositif consistait en des entretiens *« retour d'absence »*. Cela veut dire que chaque salarié auteur d'une absence (quelques heures, quelques jours ou quelques semaines) se voyait expliquer la *« désorganisation de la production »* due à ses absences. Après cette leçon, l'intéressé devait signer un document attestant de sa meilleure compréhension des enjeux en cause.

Selon toute vraisemblance, les absences à dénoncer devraient être seulement celles étrangères à la marche normale de l'entreprise. Précisément, les salariés de retour de formation y échappaient. Pourtant, ceux de retour d'un accident du travail subissaient également la séance de sensibilisation à l'assiduité à son poste de travail.

Il en allait pareillement, et à plus forte raison, pour les absences sans lien avec l'entreprise. Par exemple, la maladie ordinaire de soi-même ou d'un membre de la famille. Aussi les conseillers nancéens ont-ils vu en l'occurrence *« une discrimination indirecte »*. La Cour de cassation (12 février 2013) aura même précisé que cette juridiction d'appel *« a à bon droit ordonné qu'il y soit mis fin »*.

32. – La duplicité de l'ANACT sur la leçon aux absentéistes.

L'ANACT semble tenir un discours autre dans le bréviaire établi au profit des employeurs relativement à l'absentéisme (215). Il recommande par exemple d'informer *« l'ensemble des acteurs de la situation et des conséquences économiques et*

---

215) L'ANACT est l'Agence Nationale pour l'Amélioration des Conditions de Travail. Si elle a été mise en place depuis 1973 auprès du ministère du travail, ses règles actuelles de fonctionnement relèvent du décret n°2015-968 du 31 juillet 2015.

organisationnelles liées à l'absentéisme » (216). Or, c'est bien ce à quoi procédait les entreprises dont nous venons de voir qu'elles ont alors été condamnées par les juges. Il est vrai que l'ANACT ajoute aussitôt que *« cette communication doit cependant éviter d'être descendante et culpabilisante »*.

Cette précision (de l'ANACT) rassure à peine. Du moins lorsque l'on raisonne a contrario. En effet, il apparaît que les observations venant de collègues seraient préférées, voire encouragées. Or des règlements de comptes entre salariés ne seraient-ils pas alors à redouter ? Car quelques collègues croiront les absences en cause comme la traduction d'une paresse ou d'un mépris des exigences professionnelles.

Des réserves peuvent aussi être faites à l'égard de l'évitement de la culpabilisation. L'ANACT semble ici oublier que beaucoup de travailleurs sont allergiques aux leçons de morale. D'ailleurs, des collègues pointeront éventuellement leur surcharge de travail en conséquence des absences (217).

33. – La leçon de morale de Toyota à un absentéiste.

En tous cas, il y a quelques années, la cour d'appel de Douai (20 mars 2018) avait confirmé un jugement condamnant l'entreprise TOYOTA. Cet employeur avait agi contre un salarié

216) ANACT, 10 questions sur absentéisme, https://fr.calameo.com/read/000088155502cf32ed138: « *Il peut aussi être utile de rappeler les règles d'usage en cas d'absentéisme : obligation sous 48 heures de transmettre la justification de l'arrêt, prévenance rapide des encadrants de proximité, etc.* ».

217) Notre crainte est peut-être excessive. Car de nombreux salariés donnent volontiers leurs jours de congés aux dont les absences sont légitimes. Problème, comment juger sans risque de se tromper ?

de façon qu'il cessât son inassiduité (218). Il est vrai que celui-ci alternait maladie et travail dans la période de juin à septembre 2006.

Par la suite, ses visites médicales de reprise auront conduit à la nécessité d'adapter son poste de travail, au regard d'une pathologie dorsale (219). Ce qui fut fait. Il n'empêche qu'à d'avril 2007, il se sera rajouté un syndrome dépressif à ses affections physiques. D'après le salarié, ce syndrome provenait de son activité professionnelle. C'était donc un accident du travail ou une maladie professionnelle. Malgré ses doutes, l'employeur aura néanmoins procédé à la déclaration sociale nécessaire, dès le mois de mai.

L'entreprise TOYOTA aura-t-elle diligente et soucieuse de la santé du salarié ? L'on pouvait en douter, car un syndicat avait déjà attiré l'attention de l'employeur sur la fragilité (voire la fragilisation) du salarié en question. Or, il aura quand même reçu des courriers dits de *''présentéisme''*. L'un d'eux brandissait le risque de remplacement définitif faute d'amélioration notable. Pourtant, des certificats médicaux justifiaient toutes les absences de l'intéressé.

À croire la cour d'appel, *« l'employeur aurait dû, au regard des difficultés psychologiques précédemment rencontrées par le salarié du fait notamment de lettres dites de présentéisme rédigées en termes inappropriés, avoir conscience du danger auquel était exposé le salarié et qu'il n'a pas pris les mesures nécessaires pour l'en préserver, en n'invitant pas notamment ses supérieurs hiérarchiques à adopter un comportement et des termes adaptés à l'état psychique du salarié »*. Des lettres,

---

218) Cour d'appel de Douai ch. sociale 30 mars 2018 N° 83/18.

219) Annie JOLIVET et Valérie PUEYO, La pénibilité du travail : de quoi parle-t-on ? Rev. trav. 2010. 686.

pourtant déjà anciennes, ont ainsi joué contre l'employeur. Il aura commis une faute inexcusable envers son salarié fragile.

34. – L'existence d'entretiens bienveillants à l'absentéiste.

Les entretiens sauvages organisés par l'employeur en lutte contre le défaut d'assiduité doivent être distingués des entretiens que la loi prévoit au profit du salarié revenant d'une longue absence (220). L'objectif de cet entretien n'est nullement de stigmatiser ce revenant (221). L'objectif sera d'examiner avec lui les aménagements les plus appropriés à sa situation. L'on songera ici à l'ergonomie, aux horaires, à la formation (interne ou externe), etc.

B. – Les mesures constitutives de fautes de gestion RH.

35. – Le risque d'une chasse forcenée de l'absentéisme.

Les performances économiques et sociales d'une entreprise dépendent de facteurs externes et de facteurs internes. Parmi ces derniers, il y a les ressources humaines, le(s) personnel(s), les hommes et les femmes du collectif de travail. Tout

---

220) Concernant l'accompagnement de la personne de retour de congé, plusieurs articles du Code du travail y renvoient. Ainsi, on lit qu'à l'expiration de son mandat politique, le salarié bénéficie, « *en tant que de besoin, d'une réadaptation professionnelle en cas de changement de techniques ou de méthodes de travail* » (Code du travail, Article L3142-84, alinéa 3).

221) Après son congé d'entrepreneur « *Le salarié qui reprend son activité dans l'entreprise à l'issue de son congé bénéficie en tant que de besoin d'une réadaptation professionnelle, notamment en cas de changement de techniques ou de méthodes de travail* » (Code du travail, Article L3142-110).

employeur se figure à cet égard qu'il convient de pourchasser leurs temps morts de même que leurs absences.

Cette préoccupation patronale devient condamnable si les absences ainsi pourchassées sont autorisées par une règle, voire imposées par celle-ci (222). En tout état de cause, les salariés contestent volontiers l'exigence forcenée du présentéisme. C'est de la sorte que, il y a une quarantaine d'années la cour d'appel de Montpellier (1er octobre 1984) avait condamné un employeur du chef d'entrave à l'exercice du droit syndical à 8000 francs d'amende (soit 1230 euros aujourd'hui). En sus de devoir assumer des réparations civiles, cet employeur aura subi l'affichage et la publication de son arrêt de condamnation.

En l'espèce, il avait mis à pied une salariée absente de l'usine pour participer à une activité syndicale. Apparemment sans autorisation préalable, même si son bon de délégation extérieur avait bien été réceptionné par la direction des ressources humaines.

Dès lors, ont dit les juges, JEAN PIERRE X. (l'employeur) *« qui ne peut prétendre avoir ignoré le motif de l'absence de sa salariée et qui a d'ailleurs normalement payé à cette dernière ses heures de délégation, a consciemment apporté une entrave à l'exercice des fonctions de déléguée syndicale de Martine Z..., en sanctionnant une absence dont il a lui-même reconnu a posteriori qu'elle était justifiée ».*

Devant la Cour de cassation, le condamné a contesté la présomption de connaissance appliquée à sa personne, sauf à parler d'infractions matérielles dans son cas. Or, *« en toute*

---

222) Nathalie KACZMARCZYK, Temps de travail des sapeurs-pompiers : une histoire sans fin, AJCT 2024. 658.

hypothèse, le doute doit toujours bénéficier au prévenu » (223). Selon lui, son intention coupable apparaissant douteuse, sa relaxe s'imposait à la juridiction de jugement.

Mais son pourvoi en cassation aura été rejeté. La raison est que, avait pensé la Cour de cassation (04 février 1986), *« la liberté de déplacement des délégués syndicaux, en vue de l'exercice de leurs fonctions, est d'ordre public ; qu'elle ne peut être limitée par un règlement intérieur et subordonnée à une autorisation de l'employeur »* (224).

36. – Le contrôle de l'absentéisme des salariés élus.

Tout salarié élu a-t-il le droit de s'éclipser de la structure de travail quand bon lui semble ? Non, puisque la Haute cour aura indiqué (dans le même arrêt) que *« la déléguée était seulement tenue d'informer son chef direct avant de quitter son poste de travail »* (225).

Faut-il en conclure que l'employeur n'a aucune marge de décision ? C'est-à-dire qu'il devrait se contenter de prendre acte du départ du salarié élu appelé par ses activités de représentant de ses collègues. La chambre criminelle de la Cour de cassation (04 janvier 1983) avait en tous cas jugé que : *« le refus du congé, sans consultation préalable du comité d'entreprise, est constitutif du délit d'entrave »* (226).

---

223) Le Code du travail fait souvent bénéficier le doute au salarié. On le voit notamment aux articles : L1225-3 ; L1235-1 ; L1333-1.

224) Crim. 4 janv. 1983, no 82-91.800 ; Pascal CAILLAUD, Formation professionnelle continue, Répertoire de droit du travail.

225) Idem.

226) Crim. 4 janv. 1983, no 82-91.800 ; Pascal CAILLAUD, Formation professionnelle continue, Répertoire de droit du travail.

37. – L'absence de l'élu comme un temps de travail effectif.

Un contrôleur de la RATP (travaillant de nuit) était aussi membre du conseil de prud'hommes. Cette qualité d'élu l'aura indirectement conduit à un procès contre son employeur. Il demandait une restitution de temps de repos. Car il l'utilisait jusque-là pour remplir ses missions juridictionnelles. La Cour d'appel de Paris (20 novembre 2007) et la Cour de cassation (8 avril 2009) lui auront donné raison.

Aux termes de l'arrêt, d'une part, *« [Selon l'article] L1442-5 du code du travail, les employeurs sont tenus de laisser aux salariés de leur entreprise, membres d'un conseil de prud'hommes, le temps nécessaire pour se rendre et participer aux activités prud'homales »*. D'autre part, dit le *« quatrième alinéa devenu l'article L1442-7 du même code, le salarié membre d'un conseil de prud'hommes, travaillant en service continu ou discontinu posté, a droit à un aménagement d'horaires de son travail de façon à lui garantir un temps de repos minimum »* (227). La mission d'intérêt général du salarié élu semble l'emporter sur l'intérêt égoïste de l'employeur.

Certes un départ justifié par un intérêt individuel aura quand même placé un employeur en difficulté devant les juges. Selon la Cour de cassation (07 novembre 1989), laquelle se prononçait à propos du licenciement d'une salariée, une cour d'appel aurait dû *« rechercher si l'absence du salarié était de nature à entraîner, pour la SOCIÉTÉ IBSI des conséquences*

227) Cass. Soc., 8 avril 2009, RATP, N° de pourvoi : 08-40278, Bulletin 2009, V, n° 108.

préjudiciables à la production et à la marche de l'entreprise, ce qui eût seul pu justifier le refus du congé-formation » (228).

38. – La volonté de prise de congés déjà convenus.

Toujours en dépit de l'opposition de son employeur (la Société Éditions et Publications), une salariée se sera absentée de mi-avril à fin mai 1980. Alors, 10 jours après son retour, elle était licenciée. Mais, sans cause réelle et sérieuse, aura jugé la cour d'appel de Versailles (29 juin 1983).

Le pourvoi en cassation de l'employeur ne pouvait prospérer, compte tenu de la faute qu'il avait commise au détriment de la salariée informée très (trop) tardivement de l'impossibilité de son congé dans la période souhaitée (229). Effectivement, cette demande qui datait du mois de mi-septembre n'aura été expressément refusée qu'en début avril.

La Cour de cassation (2 février 1987) a compris que les juges du fond excusent la salariée qui s'était imaginée comme *« tacitement acceptée cette demande déposée depuis de longs mois »*. Surtout que celle-ci avait pris de nombreux engagements en Corse pour les reportages à y réaliser (230).

---

228) Cass. Soc., 7 novembre 1989, société IBSI, N° de pourvoi : 87-41219, Bulletin 1989 V N° 649 p. 391 ; Cassation de Cour d'appel de Paris, du 28 janvier 1987.

229) Tribunal administratif de Bordeaux, 6 juillet 2020, Un chef de service peut imposer aux agents, sous le contrôle du juge, de prendre une partie de leurs congés à des dates qu'il détermine, AJFP 2021. 32 ; Benoît LOPEZ, Le droit à l'engagement du salarié : le cas de la réserve opérationnelle, Droit social 2025. 22.

230) Les sommes payées en avance pourraient être perdues par le touriste qui ne se présente pas à l'hôtel ou à d'autres activités. Cf. Xavier DELPECH,

En définitivement, c'est à bon droit que *« la cour d'appel a conclu que la décision de l'employeur, tardive et non justifiée par de réelles nécessités de service, avait été prise avec une légèreté blâmable constitutive d'un abus de droit »* (231). D'où des dommages-intérêts à la salariée.

L'une des raisons pour lesquelles les travailleurs absents de leurs postes de travaillent ne se cachent quand même pas de la vue de l'employeur est l'entrée en grève (232). Une grève discrète n'est pas courante et semble promise à l'échec. En tous cas, les grévistes ont conscience de n'avoir rien à craindre du pouvoir disciplinaire de l'employeur. Ce sont des salariés protégés, ou plutôt surprotégés, par rapport à leurs collègues.

Comme dit la doctrine, « *si la grève est licite, l'employeur qui met fin au contrat de travail d'un gréviste prononce un licenciement attentatoire au droit de grève (et non seulement abusif ou dépourvu de cause réelle et sérieuse)* (233).

En général l'annulation du licenciement (parce que sans cause réelle et sérieuse) ne rapporte au salarié concerné que des dommages-intérêts (234). Mais en cas de licenciement nul, un tel salarié bénéficie (outre d'au moins six salaires mensuels)

Nouvelles précisions jurisprudentielles sur les droits des passagers aériens, D.A. 26 mars 2025.

231) Cass. Soc., 2 février 1987, N° de pourvoi : 83-44828, Bulletin 1987 V N° 75 p. 48.

232) Clotaire MOULOUNGUI, La question de la légitimité de l'absentéisme au travail, Didactijuris, 2024.

233) Gilles AUZERO, Dirk BAUGARD et Emmanuel DOCKÈS, Droit du travail, Précis Dalloz, 2018, n° 1514.

234) Alexandre NIVERT, Barème Macron : quelle indemnité pour un salarié ayant plus de dix ans d'ancienneté dans une entreprise de moins de onze salariés ? D.A. 15 mai 2025.

de la possible de réintégrer son emploi (235). Le même avantage profite par exemple dorénavant aux victimes de discrimination ou aux donneurs d'alerte.

Pour leur part, les agents publics dont le licenciement (la révocation) fait l'objet d'une annulation, par le juge administratif, réintègrent systématiquement leur emploi. Peu importe le motif de leur licenciement avorté.

39. – L'illicéité d'un licenciement préventif.

L'absentéisme ne doit être sanctionné qu'une fois survenu. Un licenciement prononcé préventivement est refusé par la Cour de cassation (18 février 2004). Encore que la cour d'appel de Chambéry se soit prononcée différemment, s'exposant alors à la censure (236).

Dans cette affaire, la cour d'appel de Chambéry (1er mars 2001) avait répondu à un salarié que son « *absence injustifiée du 11 avril et le refus de se conformer aux consignes données le 22 avril par l'employeur, alors surtout que son attention avait été particulièrement attirée sur l'importance de sa présence le samedi, [constituaient] une faute grave justifiant la rupture anticipée de son contrat de travail à durée déterminée* ».

En l'espèce, l'employeur lui avait été demandé de venir occuper son poste de travail le 9 mai (237). Or, une semaine avant (le

235) Cécile MARTIN, Ogletree DEAKINS et Maëlys DEFROCOURT, Licenciement nul : quelles sommes sont dues au titre de l'indemnité d'éviction ? D.A. 22 mars 2023.

236) Cass. Soc., 18 février 2004, n° de pourvoi : 02-41622, Bulletin 2004 V N° 54 p. 51.

237) À rapprocher : Cour administrative d'appel de Marseille, 17 janvier 2006, Modification substantielle du tableau de service par le directeur, AJFP 2006. 120.

28 avril), il avait répondu par écrit qu'il n'y serait pas. Dès lors, sachant que ce salarié ne viendrait pas le jour dit, l'employeur le licencia le lendemain (soit le 29 avril). Ce fut pour « *absence non autorisée réitérée, refus d'exécuter les consignes strictes et perte totale et définitive de toute confiance* ».

Et pourtant, la Cour de cassation (18 février 2004) a considéré comme étant illégale cette sanction anticipée d'un absentéisme futur. En effet, rappelle la Haute Cour, à « *la date à laquelle la rupture du contrat de travail a été prononcée par l'employeur aucune absence non autorisée n'avait été réitérée par le salarié et [...] aucune sanction disciplinaire ne peut être infligée au salariée à titre préventif* ».

40. – Quelques profilages d'absentéistes potentiels.

Le Conseil d'État (27 mars 1987) n'avait pas approuvé le tribunal administratif de Pau (26 janvier 1982) d'avoir condamné l'ÉCOLE NATIONALE DE MUSIQUE DE TARBES. Celle-ci avait pressenti un défaut d'assiduité de la part d'une de ses candidates déjà inscrite à plusieurs formations dans des villes de la région. Or, à Tarbes, il était attendu des élèves « *une assiduité constante et un travail régulier* » (238).

Même si cela semble aller de soi, il se trouve des études prétendant révéler que « *toutes choses égales par ailleurs, les salariés souffrant d'une maladie chronique ou d'un handicap*

238) Conseil d'État, 27 mars 1987, n° 41467.

ont une plus forte probabilité d'avoir été au moins un jour absents au cours des quatre dernières semaines » (239).

En tous cas, il est facile de se douter que le recruteur (informé) ne s'encombrera pas de tels profils dans son effectif. L'on songera vite à imputer un semblable état d'esprit au secteur privé, puisque les entreprises se préoccupent moins de l'humain et plus de l'argent. Ce préjugé serait partiellement faux, puisque le service public partage lui aussi ce travers.

Ainsi, souhaitant recruter les jeunes hommes convenables physiquement et psychologiquement, l'armée soumettait ses futures recrues à divers tests. De son côté, l'administration civile faisait passer des examens médicaux aux futurs fonctionnaires (240). Évidement, la société inclusive (des handicapés aussi) à laquelle tous nous aspirons se concilie mal avec ces pratiques discriminatoires.

41. – L'inégalité ponctuelle entre personnes.

Le droit européen proscrit la discrimination, même quand elle serait indirecte, et donc difficile à repérer. Dans cette optique, l'employeur se gardera d'exclure des candidats au seul motif

239) Sabine CHAUPAIN-GUILLOT and Olivier GUILLOT, Les déterminants individuels de l'absentéisme au travail : Une comparaison européenne, Revue économique, Vol. 62, No. 3, développements récent de l'analyse économique : LVIXe congrès annuel de l'Association française de science économique, 2010 (Mai 2011), pp. 419-427, Sciences Po University Press, https://www.jstor.org/stable/27975875.

240) Il s'agit principalement d'une radio thoracique contre la tuberculose.

que ceux-ci lui donneraient l'impression de pathologies susceptibles de parfois les éloigner du poste de travail (241).

La non-discrimination renvoie certainement à l'égalité. Dès lors, le Français estime que la règle est d'origine française, car la création et le fonctionnement des institutions françaises seraient guidés par ce principe. C'est seraient oublier que l'égalité ne concerne que les personnes qui sont dans la même situation de fait (242).

Le législateur a ainsi pu écarter les femmes du vote (243). Il a aussi pu créer deux collèges électoraux dans les colonies françaises d'Afrique ou d'Asie, pour que les blancs de ces colonies disposent de députés et de sénateurs à Paris, à l'instar des peuples colonisés qui, sous la Quatrième République, avaient désormais des représentants au Palais Bourbon et au Palais du Luxembourg (244).

42. – L'indifférence de l'absentéisme prévisible des mères.

La grossesse n'est certainement pas une maladie. Néanmoins, elle provoque de la fatigue à la future maman, des visites

241) Marc LOISELLE, Les 20 ans de la « loi Handicap » vus du Défenseur des droits : des avancées à parfaire, AJFP 2025. 67.

242) Christophe RADÉ, L'égal et le juste : retour sur la justification des différences de traitement, Droit social 2025. 254.

243) Anne-Christine TRÉMON, Reproduction sociale, exploitation des femmes et des immigrés, solidarité intergénérationnelle : une relecture contemporaine de Claude MEILLASSOUX, Revue L'Homme, 2025, Pages 143 à 163.

244) Jean FOYER et Sabine JANSEN, Il faudrait revenir à cette idée... que l'élection est le choix d'une politique, Parlement(s), Revue d'histoire politique, 2025, pages 6 à 15.

médicales, et finalement de l'absentéisme (245). D'ailleurs, une fois né, le bébé compromettra souvent l'assiduité de sa mère au travail. Un employeur conscient de ce risque a-t-il le droit de refuser de recruter les femmes en âge de procréer ? La Cour de Justice de l'Union Européenne (CJUE alors CJCE) avait négativement répondu à ces questions longtemps avant ce siècle.

Par exemple, dans l'affaire Mahlburg, la jurisprudence européenne aura été que : *« un refus d'engagement pour cause de grossesse ne peut être justifié par des motifs tirés du préjudice financier subi par l'employeur en cas d'engagement d'une femme enceinte, pendant la durée de son congé de maternité. La même conclusion s'impose à l'égard du préjudice financier causé par le fait que la femme engagée ne puisse occuper, pendant la durée de sa grossesse, le poste concerné »* (246).

Deuxième question : comment concilier le droit équivalent des femmes et des hommes à être recruter avec l'interdiction de

---

245) Marine FACON, Salariés protégés - Une vigilance accrue sur les procédures applicables, JA 2025, n°716, p.40 ; Sandrine MAILLARD-PINON, Maternité, Répertoire de droit du travail, octobre 2012, n° 26.

246) CJCE 3 févr. 2000, Mahlburg, pt 29 ; https://eur-lex.europa.eu/legal-content/FR/ALL/?uri=CELEX%3A61998CJ0207. Voici le dispositif même de cet arrêt : « Statuant sur la question à elle soumise par le Landesarbeitsgericht Mecklenburg-Vorpommrn, par ordonnance du 16 avril 1998, dit pour droit : *« L'article 2, paragraphes 1 et 3, de la directive 76/207/CEE du Conseil, du 9 février 1976, relative à la mise en œuvre du principe de l'égalité de traitement entre hommes et femmes en ce qui concerne l'accès à l'emploi, à la formation et à la promotion professionnelles, et les conditions de travail, s'oppose au refus d'engager une femme enceinte pour un emploi à durée indéterminée au motif qu'une interdiction légale de travail attachée à cet état fait obstacle, pour la durée de sa grossesse, à ce qu'elle occupe, dès le départ, ledit emploi »*.

placer ou de maintenir une femme en grossesse à un poste dangereux pour le futur bébé ? Plus précisément, faut-il quand même recruter une candidate dont on sait que pendant des mois elle pourra utilement entrer en fonction ? Elle serait payée à ne rien faire (247).

Or selon l'arrêt Dekker de la CJCE (08 novembre 1990), *« Un employeur agit directement en violation du principe d'égalité de traitement, s'il refuse de conclure un contrat de travail avec une candidate qu'il avait jugée apte à exercer l'activité concernée, lorsque ce refus d'engagement est fondé sur les conséquences possibles, dommageables pour l'employeur, de l'engagement d'une femme enceinte, et résultant des règles qui, édictées par les autorités publiques en matière d'incapacité de travail, assimilent l'empêchement d'exercer une activité pour cause de grossesse et d'accouchement à l'empêchement d'exercer une activité pour cause de maladie »* (248).

---

247) Marine FACON, Salariés protégés, Une vigilance accrue sur les procédures applicables, JA 2025, n°716, p.40.

248) À ce sujet la France a la réputation d'y procéder avec retard, mais (peut-être pour se rattraper) en prévoyant des dispositions beaucoup plus rigoureuses que celles suggérées par la directive.

ISSN 3096-8152

Table des matières

ISSN 3096-8152

Table des matières

ISSN 3096-8152

ISSN 3096-8152

Fin d'ouvrage

www.ingramcontent.com/pod-product-compliance
Lightning Source LLC
LaVergne TN
LVHW082231051026
849532LV00012B/3953
9782487740372